U0657732

政府储备土地
资产负债表编制研究

杨 红 李 华 苌 兴 刘 鸿◎主 编
黄保华 王志锋 王强辉 朱道林◎副主编

科学技术文献出版社
SCIENTIFIC AND TECHNICAL DOCUMENTATION PRESS
·北京·

图书在版编目（CIP）数据

政府储备土地资产负债表编制研究 / 杨红等主编. —北京：科学技术文献出版社，2023.5

ISBN 978-7-5189-8881-5

Ⅰ.①政… Ⅱ.①杨… Ⅲ.①国家储备—土地—资金平衡表—编制—研究—中国 Ⅳ.① F321.1

中国版本图书馆 CIP 数据核字（2021）第 274041 号

政府储备土地资产负债表编制研究

策划编辑：王瑞瑞 责任编辑：王瑞瑞 李斌 责任校对：张永霞 责任出版：张志平

出 版 者	科学技术文献出版社	
地 址	北京市复兴路15号 邮编 100038	
编 务 部	(010) 58882938，58882087（传真）	
发 行 部	(010) 58882868，58882870（传真）	
邮 购 部	(010) 58882873	
官 方 网 址	www.stdp.com.cn	
发 行 者	科学技术文献出版社发行 全国各地新华书店经销	
印 刷 者	北京虎彩文化传播有限公司	
版 次	2023 年 5 月第 1 版 2023 年 5 月第 1 次印刷	
开 本	710×1000 1/16	
字 数	102千	
印 张	10	
书 号	ISBN 978-7-5189-8881-5	
定 价	58.00元	

版权所有 违法必究

购买本社图书，凡字迹不清、缺页、倒页、脱页者，本社发行部负责调换

《政府储备土地资产负债表编制研究》
编写组名单

主　　编　杨　红　李　华　袭　兴　刘　鸿

副 主 编　黄保华　王志锋　王强辉　朱道林

编写人员（按姓氏笔画排序）

马　林　王志锋　王强辉　朱道林

刘　鸿　孙　勇　袭　兴　李　华

杨　红　武　韬　黄保华

前　言

　　孟子云："诸侯之宝三：土地、人民、政事。"自人类文明诞生以来，人们便围绕土地展开了数千年的理论研究和制度探索。土地是人类赖以生存发展和进行生产活动的基础，是最重要的自然资源之一，合理利用土地能够保证粮食安全、保护生态环境、促进国民经济发展。一直以来，我国高度重视土地使用制度改革。20世纪90年代以来，伴随着土地有偿使用制度的改革，土地储备制度不断发展完善，经过20多年的发展，成为土地市场调控的重要基础性制度。

　　党的十八届三中全会通过的《中共中央关于全面深化改革若干重大问题的决定》提出，"要健全国家自然资源资产管理体制，统一行使全民所有自然资源资产所有者职责。完善自然资源监管体制，统一行使所有国土空间用途管制职责""编制全国和地方资产负债表"。2018年，第十三届全国人大一次会议表决通过了关于国务院机构改革方案的决定，批准成立自然资源部，并赋予其"两统一"职责，这对土地储备的功能定位提出了更高的要求。政府储备土地是全民所有自然资源资产的重要组成部分，科学管理储备土地是维护和实现全民所有自然资源资产所有者权益的重要内容。为贯彻落实统一行使全民所有自然资源资产所有者职责，完善全民所有储备土地资产管理，研究理清政府储备土地资产与负债之间的关系，满足加强自然资源资产管理、实现储备土地资产保值增值等一系列需求，我们组织编写了《政府储备土地资产负债表编制研究》，旨在帮助从业人员理解储备土地资产负债表，切实担负起"两统一"职责，当好生态文明建设和高质量发展的主力军。

本书分为绪论、相关概念界定、储备土地资产价值核算方法、储备土地资产负债表编制技术路径、储备土地资产负债表编制示例、储备土地资产负债表编制地方实践、应用研究七部分，从储备土地资产负债表编制的理论、技术和逻辑等方面进行研究分析，提出储备土地资产负债表编制报表体系。同时，本书客观梳理了土地储备的发展过程和资产负债表基本概念、基础理论和技术方法，理论联系实际，对比分析了地方编制储备土地资产负债表的探索过程，具有较强的实操性。

由于储备土地本身具有流动性和不确定性，储备土地资产负债表的编制有别于一般的企业资产负债表，相关的理论基础也几乎空白，探索编制的难度较大。由于编者理论水平不高、实践经验不足，本书编写过程中难免有所疏漏，书中观点也仅为一家之言，敬请广大读者批评指正。

《政府储备土地资产负债表编制研究》编写组
2022 年 12 月

目　录

第1章　绪论

土地储备制度是我国土地管理制度的重要组成部分。本章主要介绍土地储备的发展历程，分别从政府储备土地资产负债表编制的研究背景、研究意义、国内外土地储备研究进展及主要研究内容等方面进行介绍。

1.1　研究背景

20 世纪 90 年代，上海成立全国第一家土地储备机构，通过市场化的运作方式，实现政府对土地供给的宏观调控。1999 年，经过重新修订的《中华人民共和国土地管理法》正式实施，确立了十分珍惜合理利用土地和切实保护耕地的基本国策，城市建设用地从主要依靠增量土地供应转向盘活存量土地供应。2001 年，《国务院关于加强国有土地资产管理的通知》（国发〔2001〕15 号）规定"坚持土地集中统一管理，确保城市政府对建设用地的集中统一供应……为增强政府对土地市场的宏观调控能力，有条件的地方政府要对建设用地试行收购储备制度。市、县人民政府可划出部分土地收益用于收购土地，金融机构要依法提供信贷支持"，标志着土地储备制度在全国开始试行。2007 年,《土地储备管理办法》颁布,土地储备制度正式确立。2012 年,国土资源部、财政部、中国人民银行及银监会联合印发《关于加强土地储备与融资管理的通知》,土地储备制度在实践中不断得到完善。自 1996 年上海市土地发展中心成立,历经十余年的全国各地的实践,土地储备制度为政府培育土地市场、规范土地交易行为、优化土地资源配置、促进国民经济发展发挥了重要作用。十八届三中、四中全会先后提出"建立系统完整的生态文明制度体系""用严格的法律制度保护生态环境",将生态文明建设提升到制度层面,这对土地储备制度提出了新的要求。

改革开放以来,随着我国市场经济的不断发展和完善,土地管理制度在探索中前进。纵观我国土地管理的发展改革历程,从偏重于土地资源管理,转变为土地资源资产管理,将计划管理分配资源模式转化为市场优化配置资源。党的十八大以来,自然资源资产管理体制进入全面深化改革阶段,十八届三中全会决定提出要健全国家自然资源资产管理体制,统一行使全民所有自然资源资产所有者职责,对我国自然资源资产管理体制改革提出了新要求。自然资源资产管理的首要任务是"摸清家底",即有什么、有多少、值多少钱。土地资源是自然资源的重要组成部分,土地资源资产管理是自然资源资产管理的重要内容。鉴于目前自然资源资产种类繁多,其核算范围和核算方法模糊不清,尚需深入研究讨论。政府储备土地具有产权清晰、即时可供、供即能用等特点,开展储备土地资产负债表编制可以为自然资源资产核算和自然资源资产负债表编制提供经验和借鉴。

1.2　研究意义

1.2.1　有利于践行生态文明建设

通过建立储备土地资产负债表编制制度，有利于践行生态文明建设，丰富完善国家治理体系和治理能力现代化。2013 年 11月，《中共中央关于全面深化改革若干重大问题的决定》首次提出"自然资源资产负债表"的概念，明确指出"探索编制自然资源资产负债表，对领导干部实行自然资源资产离任审计"，强化了自然资源资产的保护修复、合理利用的主体责任。2015 年 4 月，中共中央、国务院《关于加快推进生态文明建设的意见》，要求"探索编制自然资源资产负债表，对领导干部实行自然资源资产和环境责任离任审计"。同年 9 月，中共中央、国务院《生态文明体制改革总体方案》进一步细化了自然资源资产负债表的编制任务，提出"探索编制自然资源资产负债表。制定自然资源资产负债表编制指南，构建水资源、土地资源、森林资源等的资产和负债核算方法，建立实物量核算账户，明确分类标准和统计规范，定期评估自然资源资产变化状况。在市县层面开展自然资源资产负债表编制试点，核算主要自然资源实物量账户并公布核算结果"。 2019年 10 月，党的十九届四中全会《中共中央关于坚持和完善中国特色社会主义制度　推进国家治理体系和治理能力现代化若干重大问题的决定》要求健全决策机制。自然资源资产信息是相关决策的重要基础和支撑，充分发挥数字报表在表达方式上直观全面和富有逻辑的优势，有助于提高决策效率。同时，全民所有自然资源资产作为国有资产的重要组成部分，应坚持全民所有、全民共享、全民监督的理念，也对自然资源资产负债表的编制提出新的要求。2020年5月，中共中央、国务院印发《关于新时代加快完善社会主义市场经济体制的意见》，进一步要求"健全自然资源资产产权制度"，"完善审计制度，对公共资金、国有资产、国有资源和领导干部履行经济责任情况实行审计全覆盖。"这些都要求建立一套有效的全民所有自然资源资产管理信息披露工具和运行机制，达到反映情况、揭示问题的目的，为全民所有自然资源资产评价考核、审计监督等提供基础信息。政府储备土地是全民所有自然资源资产的重要组成部分，政府储备土地资产负债表的编制对于生态文明建设具有重要意义。一方面，储备土地资产负债表的编制是健全国家自然资源资产管理体制的一项重要举措，是建立系统完整的生态文明制度体系的要求；另一方面，作为土地资源资产，储备土地不仅具有其内在的经济价值，也具有一定的社会价值和生态价值，是经济价值、社会价值和生态价值的统一体。因此，应当将储备土地资产负债表编制纳入生态文明体系建设，与资源环境生态红线管控、自然资源资产产权制度改革和用途管制等重大制度相衔接，统筹设计储备土地资产、负债核算方法体系，统一考虑储备土地资产的经济、社会和生态价值，为推进生态文明绩效评价考核和责任追究制度、生态补偿机制和生态环境损害赔偿制度、领导干部自然资源资产离任审计等提供支撑。

1.2.2　有利于统一行使全民所有自然资源资产所有者职责

通过完善储备土地资产调查、评价、核算和监管体制，有利于统一行使全民所有自然资源资产所有者职责。储备土地资产是全民所有自然资源资产的重要组成部分，是体现全民所有自然资源资产所有者权益的重要内容。统一行使全民所有自然资源资产所有者职责，即"主张所有、行使权利、履行义务、承担责任、维护权益"。行使储备土地资产所有者职责，要求明晰储备土地资产产权，落实清产核资、保值增值、收益管理等职责。建立储备土地资产负债表编制制度，完善储备土地资产清查和监管体制，有助于落实自然资源资产所有者职责。一方面，对土地储备资源的数量、范围、用途等实物属性进行全面统一的清查，有利于进一步划清储备土地边界，清晰储备土地产权，为更好地"主张所有"、夯实基础；另一方面，建立统一的资产和负债核算体系，显化储备土地资产及其收益，通过"县—市—省—国家"逐级汇总，可以明晰政府手上到底有多少储备土地资产（资产、负债、权益）及其变化情况，通过落实所有者职责，做到权利、义务、责任相统一。

1.2.3　有利于推进全民所有自然资源资产有偿使用制度改革

全民所有自然资源资产有偿使用制度是生态文明制度体系的一项主要制度，其目标与自然资源资产产权制度、空间规划体系、生态保护补偿制度等相关改革协调统一；其基础和核心是清查、核算、评价自然资源资产，建立自然资源资产目录清单和台账，掌握自然资源资产"家底"，为全面推进有偿使用提供依据。编制储备土地资产负债表是探索全民所有自然资源资产有偿使用制度的切入点。一方面，储备土地资产负债表编制可以摸清储备土地资源的家底，正确处理资源保护与开发利用的关系，明确哪些地块应该保护、哪些地方应该在保护的基础上合理开发及开发利用的最优方式，规范经营性土地有偿使用，为扩大国有建设用地有偿使用范围提供基础数据，为全面推进自然资源资产有偿使用提供依据；另一方面，通过储备土地资产负债核算，明确储备土地资产、负债核算方法，为构建完善自然资源资产核算方法提供借鉴，确保全民所有自然资源资产所有者权益得到有效维护。

1.2.4 有利于实现土地资产保值增值

建立健全储备土地资产、负债、所有者权益核算制度，有利于地方政府向同级人大汇报储备土地资产情况，有利于规范土地储备专项债券的发行和土地储备金融风险的防控，有利于实现土地资产的保值增值。为更好地履行统一行使全民所有自然资源资产所有者职责，进一步完善全民所有储备土地资产管理，自然资源部《关于进一步规范储备土地抵押融资加快批而未供土地处置有关问题的通知》（自然资办发〔2019〕3号）要求各级自然资源主管部门将土地储备情况纳入地方政府向同级人大报告的全民所有自然资源资产情况中，为准确掌握全民所有储备土地资产、防范地方政府债务风险提供相关依据。同时，《十三届全国人大常委会贯彻落实〈中共中央关于建立国务院向全国人大常委会报告国有资产管理情况制度的意见〉五年规划（2018—2022）》中明确，2021年为国有自然资源（资产）管理情况的专项报告年。这就要求自然资源主管部门及地方政府必须真实掌握储备土地"家底"情况，这是编制储备土地资产负债表的现实意义之一。发行土地储备专项债券，大家最关心的问题是"借、用、还"，即"借多少，用在哪里，用什么还，能不能还上"。储备土地资产负债表涵盖土地征收、前期开发、土地储存和土地供应等土地储备全生命周期管理所有环节，通过健全资产、负债、所有者权益核算制度，清晰掌握储备土地资产"价值几何"和储备土地资产资本化"最大负荷"，全面系统反映土地储备运行的效率和质量，为规范发行土地储备专项债券、科学判断偿债能力、防范化解债务风险提供科学依据。储备土地是土地资产管理的重要手段，资产管理包含防止资产流失、保值增值、资产经营等方面。通过储备土地资产负债表编制，核算掌握每一阶段、环节的成本投入，可以明晰、规范土地储备项目的预期成本投入，防止土地资产流失，实现土地资产保值增值。

1.3　国内外相关研究概况

1.3.1　土地储备研究现状

1.3.1.1　国外土地储备发展状况

国外土地储备制度起源于 1896 年的荷兰，到 20 世纪初期，瑞典也开展了土地储备工作，随后匈牙利、比利时、丹麦、芬兰、法国、英国、以色列、荷兰、挪威、西班牙、德国、瑞典和瑞士等欧洲国家都实行了土地储备制度。此外韩国，加拿大，澳大利亚，美国的纽约、夏威夷等部分地区也推行了土地储备制度。经过多年的发展，这些国家的土地储备制度已形成了较为成熟的运行模式。以荷兰和瑞典等为代表的土地储备制度主要是以公共福利为目标，私人土地所有者对土地的利用服从于国家的需要。在东亚一些国家，如日本和韩国也在 20 世纪中叶以后开始实行土地储备制度。以韩国的"土地开发公社"为例，其主要业务是进行土地的政策性交易及开发，同时管理土地债券的发行，其主要目的是调控土地市场，提高土地的利用效率[①]。国外土地储备制度实行的动因大多来自经济社会高速发展导致的人口急剧增长、城市扩张蔓延、地价暴涨等问题，为涌入城市的劳动力提供价格合理的住房是土地储备制度的根本目的。当然，也有像瑞典那样的一些国家，将土地储备制度作为一项社会公共福利，美国则是将土地储备制度作为处理闲置土地、保护环境的重要手段，德国鲁尔区为了推动工矿企业土地再开发而建立了土地储备基金。虽然各国推行土地储备制度的初衷和目的不同，但都产生了同样的效果，即调控土地市场，保障城市正常发展的用地需求。从 20 世纪下半叶开始，随着人们对生态环境的日益重视，土地储备除了满足上述基本目标之外，还在改善城市生态环境、提高城市居民生活水平、促进城市平衡发展等方面发挥着重要作用。

土地储备的概念在国外学术界还未有一个统一的界定，英国的 Harold[②] 认为，土地储备是一种政府行为或是为公共政策服务的制度，为了避免私有土地市场的不确定性，控制土地价格，政府应通过购买和储备土地尤其是城市扩张边缘区的土地，在城市扩

---

① 刘正山 ."土地银行"之考辨 [J]. 中外房地产导报，2000（12）：10–11.

② HAROLD D G. Developing policy for a resource-conserving agriculture：The Food Security Act of 1985 in perspective[J]. American journal of alternative agriculture，1986，1（1）：39–42.

张时，政府可以通过附加在土地上的使用特性、区位、密度和出让时机，利用规划作引导，使公共政策可以不依赖私有土地市场而直接控制开发。归纳起来，Harold 认为土地储备是政府有前瞻性地预先取得足够面积的土地，在适当时机将其投放市场，进行与规划目的相一致的开发，从而确保规划有效执行并引导城市合理发展的管制措施。

从土地储备运行主导角度看，国外土地储备可以分为 3 种运行模式：政府主导模式、公私合营模式和企业主导模式。大多数国家的土地储备采用政府（包括地方政府）主导模式，具体的土地收购、储存、开发等事宜可以由专门成立的公营或公私合营机构负责实施。

从储备土地来源看，国外储备土地主要来源于城市扩张边缘地区，既有农用地也有未利用地，以备城市扩张之需。城市内部的低效利用土地及在规划中用于公共设施建设的土地，也可能被收购储备。

从储备土地的取得方式看，各国一般以协议购买为主，国家征收权和政府优先购买权只限于为实现以合理价格取得城市发展所必需的土地时才会使用，是协议购买的必要辅助手段。有些国家为了保证国家征收权和政府优先购买权，通常采用秘密方式通过协议价购买，例如瑞典和加拿大的一些城市；美国一些地区则是通过交换和设定租赁权的方式来储备土地。各国土地收购的价格补偿大体分为 3 种：现时土地使用价值、冻结价格和市价。相对于市价，现时土地使用价值和冻结价格更有利于稳定地价。例如，瑞典一般以 10 年前该土地的市场价格为标准来计算土地征用补偿价格。法国虽然参考土地征用日的被征土地周围土地市场价格，但是还要以最终裁决日一年前的被征土地的用途为准确定地价。因为土地用途是确定土地价格的重要标准，法国的这种做法实际上是相对冻结了土地的价格，同样是为了防止投机买卖土地。

从储备土地处理方式看，各国储备土地的处置方式一般以出租和出售为主，在处置前，都会进行土地整理和基本的开发工作，以减少土地使用者的开发时间和后续开发成本的不确定性。

从土地储备的资金运行方式看，大部分国家的土地储备所需要的资金来自中央政府的补贴，个别国家（地区）依靠地方政府的税收支撑。同时，通过金融工具如贷款、发行土地储备债券等方式，可以更为灵活地筹集土地储备所需资金。

从土地储备制度的立法看，各国都颁布建立了相应的法律法规体系以配合土地储备的正常开展。这些配套法案既确保了土地储备制度的顺利实施和有效运行，又增强了土地储备制度的透明性和规范性，对促进土地市场健康稳定发展具有重要意义。

1.3.1.2　国内土地储备发展状况

改革开放以前，我国一直实行以行政划拨、无偿使用为特点的计划经济模式下的土地资源配置方式。20 世纪 80 年代开始，我国开始探索市场经济体制下的土地使用权有偿使用、公开出让的市场化配置方式。1996 年，上海市成立了全国第一家土地储备机构；1997 年，杭州市开始实行土地储备制度；1999 年，国土资源部向全国推广杭州、青岛两市开展土地储备的经验；2001 年 4 月 3 日，《国务院关于加强国有土地资产管理的通知》（国发〔2001〕15 号），明确要求"有条件的地方政府试行收购储备制度"。由此，土地储备制度在全国逐步建立起来，许多地方陆续成立土地储备机构，开展土地储备工作。我国土地储备制度的建立，既是对土地资源管理实践上的一种探索，也是对土地资源管理理论的一次创新。长期以来，我国土地管理制度偏重于对土地资源的管理，而忽视了对土地资源资产的管理，土地利用过程中存在"外部不经济"问题[①]。土地储备制度的建立，意味着我国土地管理从以往的粗放式土地资源管理，开始向精细化的、以市场为导向的土地资源资产管理转变。从各地实践情况看，土地储备在宏观调控土地市场、提高土地供给质量与效率、促进土地资源的合理配置和利用方面发挥了重要作用。

目前，国家层面尚未进行土地储备立法，各地对土地储备的实践探索，形成了具有地方特色的做法和模式。虽然在土地储备概念理解及运行模式上存在差异，但各地实行土地储备的目的是一致的，土地储备在城市经济社会发展中发挥的作用也是一致的。2017 年国土资源部等部门联合修订的《土地储备管理办法》中对土地储备定义如下：土地储备是指县级（含）以上国土资源主管部门为调控土地市场、促进土地资源合理利用，依法取得土地，组织前期开发、储存以备供应的行为。

从 20 世纪 90 年代末开始，国内各地相继实行土地储备制度，经过 20 多年的探索实践，逐渐形成了 3 种主要模式：一是以上海为代表的市场主导型模式。这种模式的特点是政府根据规划划定土地储备的范围，但土地储备所涉及的收购并不具有强制性，而

---

① 柴强 . 各国（地区）土地制度和政策 [M]. 北京：北京经济学院出版社，1993.

是通过与用地单位协商解决。二是以杭州为代表的政府主导型模式。该模式的特点是政府将主城区范围内的所有需要盘活的土地均纳入收储范围，由政府进行收购和储备，经土地储备中心及国有开发平台的整理开发，统一向市场投放。三是以武汉为代表的政府主导与市场选择相结合的模式。武汉模式的特点是土地储备既体现了政府的意志，又非政府主导。与杭州模式相比，武汉模式对收储范围内的土地并不全部由政府收储，市土地储备中心仅承担部分区域的土地收储，其他地区的土地收储由其他合法单位或机构实施。

从储备土地的来源看，国内的储备土地可以分为三大类：一是城市内部存量国有建设用地。过去，我国城市土地资源管理较为粗放，存在土地资源浪费严重、土地利用效率低等问题。随着经济社会的发展和城市人口的增长，城市土地的需求缺口越来越大。因此，盘活城市内部低效存量用地成为地方政府的必然选择。二是城市内部的集体土地。与国外土地私有不同，我国实行的是国有土地和集体土地共存的土地所有制。大部分城市内部既有国有建设用地，又有集体土地。在以往的城市建设时，城市内部集体土地往往会被忽视，久而久之形成了"城中村"现象。城中村的存在，既影响了城市环境，又造成了土地资源的浪费。三是城市边缘的集体土地。这部分土地主要是农用地，用于保障城市扩展的用地所需。

从储备土地的取得方式看，国内储备土地取得方式按储备土地来源可以分为两类：一是针对存量国有建设用地的取得，如依法收回、收购、行使优先购买权取得的土地；二是针对新增国有建设用地，如对集体土地的征收。另外，其他依法取得的土地也可以纳入收储范围。

从储备土地的处置方式看，我国大部分城市的储备土地一般以有偿出让方式为主，另外也存在以行政划拨及租赁等供应方式。在储备土地供应前，大部分城市的土地储备机构会对土地进行开发整理，满足必要的"通平"要求。例如，杭州市的储备土地在出让前必须满足产权清晰的"净地"标准。在储备土地供应前，土地储备机构也会根据实际情况对储备土地进行临时利用和管护。

从土地储备所需资金的来源和使用范围看，我国土地储备资金的来源以《关于规范土地储备和资金管理等相关问题的通知》（财综〔2016〕4 号，以下简称"4 号文"）的发布为分界线，之前根据《土地储备资金财务管理暂行办法》（财综〔2007〕17 号）规定土地储备资金主要来源于财政拨款、国有土地收益基金、银行贷款及其他金融机构贷款、其他资金等；土地储备资金专项用于征收、收购、优先购买、收回土地，以及储备土地供应前的前期开发等土地储备开支。其中，前期土地开发费用包括前期土地开发性支出及按照财政部门规定与前期土地开发相关的费用等，含因出让土地涉及的需要进行相关道路、供水、供电、供气、排水、通信、照明、绿化、土地平整等基础设施建设支出；征收、收购、优先购买或收回土地需要支付的银行及其他金融机构贷款利息支出。2016 年的"4 号文"明确规定："自 2016 年 1 月 1 日起，各地不得再向银行业金融机构举借土地储备贷款"。2018 年，《土地储备资金财务管理办法》（财综〔2018〕8 号）进一步明确了土地储备资金的来源："财政拨款、国有土地收益基金、地方政府债券筹集、经财政部门批准可用于土地储备的其他财政资金"。土地储备资金的使用范围也与之前有所差异，"4 号文"规定储备土地的前期开发费用，仅限于与储备宗地相关的道路、供水、供电、供气、排水、通信、照明、绿化、土地平整等基础设施建设支出；按照财政部关于规范土地储备和资金管理的规定需要偿还的土地储备存量贷款本金和利息支出；经同级财政部门批准的与土地储备有关的其他支出，包括土地储备工作中发生的地籍调查、土地登记、地价评估及管护中围栏、围墙等建设等支出。

从储备土地收益分成看，我国储备土地的出让收益分配方式可以划分为以下几个阶段。第一阶段：1989—1992 年。1989 年财政部印发《国有土地使用权有偿出让收入管理暂行实施办法》（国发〔1989〕38 号），规定凡有偿出让国有土地使用权，各级政府土地出让主管部门必须按规定向财政部门上缴土地使用权出让收入。其中，土地使用权出让收入包括土地出让金、续期土地出让金和合同改约补偿金。自此，土地出让金正式进入了财政收支体系。在这一阶段，土地使用权出让收入扣除土地出让业务费后，全部上缴财政。上交财政部分，取得收入的城市财政部门留 20% 作为城市土地开发建设费用，其余部分按 40% 上交中央财政，60% 留归取得收入的城市财政部门。第二阶段：1992—2006 年。1992 年，分成比例的收取办法改为，土地出让金总额的 5% 上缴中央财政，地方财政收取的土地出让金比例，由各省、自治区、直辖市和各计划单列市财政部门在核定合理的土地开发成本和住房价款的基础上，自行确定。自此，地方政府成为土地出让金的主要受益者，部分地方土地直接税收及城市扩张带来的间接税收占地方预算内收入的 40%，而土地出让金净收入占政府预算外收入的 60% 以上。第三阶段：2006 年至今。《国有土地使用权出让收支管理办法》（财综〔2006〕68 号）中土地出让收入使用范围包括征地和拆迁补偿支出、土地开发支出、支农支出、城市建设支出及其他支出。《关于从土地出让收益中计提农田水利建设资金有关事项的通知》（财综〔2011〕48 号）规定，从土地出让净收益中计提 10% 的农田水利建设资金。对于计提的农田水利建设资金要严格按照 20% 的比例将中央农田水利建设资金及时足额划转中央国库，不得在财政专户或地方国库滞留和占压。《关于从土地出让收益中计提教育资金有关事项的通知》（财综〔2011〕62 号）规定，从土地出让净收益中计提 10% 教育资金。同时，地方政府根据各自的实际情况，在此基础上对土地出让金的分配做了细化和微调。2020 年 9 月 23 日中办、国办印发了《关于调整完善土地出让收入使用范围优先支持乡村振兴的意见》，其中规定"从以下两种方式中选择一种组织实施：一是按照当年土地出让收益用于农业农村的资金占比逐步达到 50% 以上计提，若计提数小于土地出让收入 8% 的，则按不低于土地出让收入 8% 计提；二是按照当年土地出让收入用于农业农村的资金占比逐步达到 10% 以上计提。"

1.3.2　自然资源资产管理研究进展

1.3.2.1　自然资源与自然资源资产

随着经济社会不断发展，人们对自然资源的认识和理解不断深入。联合国环境规划署（UNEP）相关文献资料对自然资源的解释为：人类在自然环境中发现的各种成分，只要它能以任何方式为人类提供福利的都属于自然资源。因此，从广义上讲，自然资源包括地球内的一切要素，既包括历史地质时期形成的无生命的物理成分，如矿物，也包括地球演化中的产物，如植物、动物等生命要素，以及景观要素[①]、气候[②]等自然地理要素。一般而言，自然资源是指在一定的技术条件下，自然界中对人类有用的一切物质和非物质的总称[③]。也有学者比较关注自然资源所能产生的经济价值，将自然资源定义为：在一定的时间和技术条件下，能够产生经济价值、提高人类当前和未来福利的自然环境因素的总称[④]。尽管从不同角度和关注点出发对自然资源的理解存在差异，但基本都认为自然资源包含两层含义：一是自然资源是天然形成的，即自然资源的天然性；二是在特定条件下为人所用。因此，自然资源是一个由多种自然要素构成的，随着时代发展、技术进步、人类需求变化而不断变化的综合体。自然资源的各组成要素之间互相联系、互相影响，具有复杂的耦合关系。例如，一定范围内土地资源与其上的动植物资源及空气、水、气候等自然地理要素具有"共生"关系，组成了一个完整的生态系统，由此形成的景观要素也是一种自然资源。某一种自然资源消失或变动，很

---

① TISHLER W H. The landscape: an emerging historic preservation resource[J]. Bulletin of the association for preservation technology, 1979, 11（4）: 9–25.

② LANDSBERG H. Climate as a natural resource[J]. The scientific monthly, 1946, 63（4）: 293–298.

③ 姜文来. 关于自然资源资产化管理的几个问题 [J]. 资源科学, 2000（1）: 5–8.

④ 马永欢, 陈丽萍, 沈镭, 等. 自然资源资产管理的国际进展及主要建议 [J]. 国土资源情报, 2014（12）: 2–8, 22.

可能引起其他自然资源的变化。

我国学者对自然资源资产概念进行了广泛讨论。马晓妍等认为，自然资源资产是部分自然资源资产化后的资产，是与权利联系在一起的概念。董祚继认为，自然资源资产作为所有权客体，具有广泛性、不确定性和多重属性等特点，并非所有的自然资源都可以称为自然资源资产，因为资产必须具备边界线或可度量行、归属性和稀缺性。因此，自然资源资产是自然资源的一部分，但并非所有的自然资源都可以称为自然资源资产。自然资源资产是指具有稀缺性、有用性（包括经济效益、社会效益、生态效益）及产权明确的自然资源。按形态不同可分为国土空间资源（土地资源、海洋资源）和物质资源资产（林木资源、干草资源、矿产资源、水资源等）。2015 年，财政部印发的《政府会计准则——基本准则》将自然资源资产纳入了政府资产，根据会计准则，自然资源资产应定义为产权清晰且能够为所有者带来经济收益或其他福利的自然资源。

我国宪法规定，全民所有即国家所有。全民所有自然资源资产指具有稀缺性、有用性（包括经济效益、社会效益、生态效益等）及产权明确的国家所有自然资源，主要包括国有的土地资源、矿产资源、森林资源、草地资源、湿地资源、海洋资源、水资源[①]。

1.3.2.2　国外自然资源管理发展状况

国外开展自然资源资产管理的研究和探索实践较早。自然资源资产管理思想的萌发与土地资源息息相关，可以追溯到 17 世

---

① 《自然资源管理基础》编写组 . 自然资源管理基础 [M]. 银川：宁夏人民出版社，2020.

纪 William Petty 在《赋税论》中对土地和劳动的认识："土地是财富之母，劳动是财富之父"，这是对自然资源资产化最早的论述。随着经济社会发展，人们对自然资源资产的认识逐步加深，自然资源中的土地、矿产这些可以直接为人们带来经济价值的资源被当作自然资源资产，生物资源、气候资源、环境资源等不能直接为人们带来经济利益的资源，也被纳入自然资源资产范围中。1924 年，美国的 R. T. Ely 和 E. W. Morehouse 合著的《土地经济学原理》被认为是资源经济学学科建立的奠基之作，也是资源资产化管理的思想源泉①。二战后，国外学者对自然资源管理的理论研究进入高潮，资源经济学（economics of resources or the resources of economics）、自然资源稀缺经济学（economics of natural resource scarcity）、环境与资源经济学（environmental and resource economics）等理论和学科相继建立，为自然资源管理的发展奠定了理论基础②③④。

自然资源资产作为一项重要的国家资产，在国外很早便被纳入国家资产核算体系中，自然资源调查评价、登记、用途管制、资产核算等制度的建立，为自然资源资产的正规化管理奠

① 马永欢，陈丽萍，沈镭，等 . 自然资源资产管理的国际进展及主要建议 [J]. 国土资源情报，2014（12）：2–8，22.

② HAVEMAN R H. Efficiency and equity in natural resource and environmental policy[J]. American journal of agricultural economics，1973（12）：868.

③ SOLOW R M. The economics of resources or the resources of economics[J]. American economic review，1974，64（2）：1–14.

④ KNEESE A V. The economics of natural resources[J]. Population and development review，1988（1）：281–309.

定了行政基础。自然资源产权与自然资源资产增值收益的分配
密切相关,因此在自然资源资产管理的研究中, 自然资源产权
研究受到了国外众多学者的关注[①②③]。国外自然资源产权管理
一般都有立法基础,其增值收益分配主要受市场机制的制约,
政府通过资源税、联邦所得税分级等手段, 既实现了对自然资
源资产的管理, 又实现了自然资源资产增值收益在社会中的
再分配[④⑤]。随着经济社会的快速发展及工业化程度的进一步提
升, 大部分西方发达国家都产生了污染严重、生态环境破坏等环
境问题, 生态安全和绿色健康受到了越来越多的关注和重视。因
此, 20 世纪 80 年代末期、90 年代初期, 有关生态安全、环境和
自然资源损害(environmental and natural resource damage)的研究
开始逐渐兴起。环境和自然资源损害研究旨在通过核算或评估一
个地区环境和自然资源账户余额, 从而在一定程度上反映该地区

---

① SIMEON R. Natural resource revenues and Canadian federalism: a survey of the issues[J]. Canadian public policy/analyse de politiques, 1980 (6): 182–191.

② CHURCH A T. Sojourner adjustment[J]. Psychological bulletin, 1982, 91 (3): 540–572.

③ BOADWAY R, FLATTERS F, LEBLANC A. Revenue sharing and the equalization of natural resource revenues[J]. Canadian public policy/analyse de politiques, 1983 (6): 174–180.

④ GADDA D G. Taxation as a tool of natural resource management: oil as a case study[J]. Ecology LQ, 1971, 1 (4): 749–772.

⑤ KRAUTKRAEMER J A. The rate of discount and the preservation of natural environments[J]. Natural resource modeling, 1988 (2): 421–437.

经济发展的质量[1][2][3]。进入 21 世纪，国外的自然资源资产管理向管理科学化、合理化、专业化迈进。自然资源资产的分类管理和多元化管理，既保证了公共利益，又促进了资产增值收益的最大化。同时，在自然资源资产管理中，更加注重生态环境和生态安全，如美国内政部、农业部和商业部制订的 2000—2005 年战略目标规划，专门提出了保护环境的资源生态管理问题。西方发达国家在自然资源调查、统计和研究方面起步较早，并且各级行政管理部门基本建立了综合性和专题性的资源常规监测调查制度。近年来，受益于统计和监测技术的进步，国外自然资源资产管理机构能够更加及时了解和掌握自然资源及其资产状况，为政府的决策提供有力的数据支撑。

1.3.2.3　自然资源资产核算研究进展

自然资源资产核算是自然资源资产管理的一项重要内容。有关自然资源资产核算的研究，一般以 1992 年"联合国环境与发展大会"为分水岭[4]。早在 1946 年，英国的 John R. Hicks 在《价值与资本》(*Value and Capital*)一书中首次提出了"可持续收入"的概念，即国民总收入中扣除自然资本（土地和生态环境成本）、

① JAMES S M, DEFOOR J A. Natural resource damages: restitution as a mechanism to slow destruction of florida's natural resources[J]. Journal of land use & environmental law, 1985, 1（3）: 295–319.

② LANDEFELD S J, HINES R J. National accounting for non - renewable natural resources in the mining industries[J]. Review of income and wealth, 1985, 31（1）: 1–20.

③ MACKELLAR F L, VINING D R. Measuring natural resource scarcity[J]. Social indicators research, 1989, 21（5）: 517–530.

④ 封志明，杨艳昭，李鹏. 从自然资源资产核算到自然资源资产负债表编制[J]. 中国科学院院刊，2014，29（4）: 449–456.

人力资本等资本的折旧后所形成的国民财富，也被称为"绿色GDP"。西方国家、苏联分别于 1953 年、1973 年提出了国民账户体系（system of national account，SNA）[1][2][3] 和物质产品平衡表体系（system of material product balances，MPS）[4][5][6]。二者的区别在于：MPS 诞生于苏联计划经济背景下，将一切不能创造物质产品和增加产品价值的非物质性服务视为非生产性劳动，不纳入核算体系中；SNA 只关注经济总产值及其增长速度，而忽视了经济增长的资源基础和环境条件，造成经济发展的过高估计和资源空心化现象[7]，也无法反映环境损害、生态破坏对于经济社会会发展产生的负面影响，未能揭示自然资源损耗及环境保护支出费用，这些对国家（地区）的可持续发展产生不利影响[8]。社会制度差异、经济政策不同及经济社会发展水平不同步，使得不仅 MPS 和 SNA

---

[1]　KIRCHER P. Accounting entries and national accounts[J]. The accounting review，1953，28（2）：191-199.

[2]　STUVEL G. A system of national and domestic accounts[J]. Economica，1955，22（87）：207-217.

[3]　FRISCH R. From national accounts to macro - economic decision models[J]. Review of income and wealth，1955，4（1）：1-26.

[4]　李金昌 . 关于环境价值与核算问题 [J]. 世界环境，1995（1）：38-40，23.

[5]　姜文来，王华东 . 水资源价值和价格初探 [J]. 水利水电科技进展，1995（2）：37-40.

[6]　封志明，刘玉杰 . 土地资源学研究的回顾与前瞻 [J]. 资源科学，2004（4）：2-10.

[7]　FABRICANT S. Prices in the national accounts framework：a case for cost - benefit analysis[J]. Review of income and wealth，1970，16（2）：135-142.

[8]　陈玥，杨艳昭，闫慧敏，等 . 自然资源核算进展及其对自然资源资产负债表编制的启示 [J]. 资源科学，2015（9）：1716-1724.

之间没有可比性，即使西方国家之间使用 SNA 账户核算的结果也存在较大的不准确性 [1][2]。在此背景下，20 世纪 80 年代，西方发达国家及部分发展中国家相继开展了资源 – 环境核算体系的探索研究。

1992 年里约热内卢召开的"联合国环境与发展大会"通过的《21 世纪议程》主题文件中明确规定，为了实现人类社会经济的可持续发展，"主要目标为扩大现有的国民账户体系，将环境和社会因素纳入该体系"。1993 年联合国同世界银行和国际货币基金组织在总结各国实践的基础上提出了一个系统核算环境资源存量和资金流量的卫星账户体系——综合环境与经济核算体系（system of environment and economic accouting，以下简称"SEEA–1993"）。SEEA–1993 是 SNA 的卫星账户体系，是可持续发展理念下的产物，主要用于考虑环境因素影响下国民经济核算，是对 SNA 账户体系的补充 [3]。2003 年，联合国修订了 SEEA–1993（UN SEEA，2003；以下简称"SEEA–2003"）。相较于 20 世纪 50 年代原始的国民经济核算准则，SEEA–2003 迈出了国际可比经济统计的第一步，为环境统计带来了秩序和可比性 [4]。SEEA–2003 核算体系详细

① DAUB M. An international comparison of the accuracy of Canadian short–term predictions of gross national product[J]. Applied economics, 1975, 7（4）：235–240.

② GILL K S. Economic growth and fixed capital formation in the sixties[J]. Economic and political weekly, 1976, 11（45）：1763–1770.

③ HOLUB H W, TAPPEINER G, TAPPEINER U. Some remarks on the system of integrated environmental and economic accounting of the United Nations[J]. Ecological economics, 1999, 29（3）：329–336.

④ SMITH R. Development of the SEEA 2003 and its implementation[J]. Ecological economics, 2006, 61（4）：592–599.

说明了自然资源的实物量、混合环境 - 经济账户及其估价方法，但未涉及环境损害的价值评估[①]。2008 年，联合国、欧盟、经济合作与发展组织等联合修订更新了国民账户体系（以下简称"SNA-2008"）。SNA-2008 意在为所有国家所应用，其设计包容了处于不同发展阶段的各个国家的需求。它还为其他经济统计领域的标准提供了一个连接框架，以便于这些统计体系实现一体化，并与国民账户体系达于一致。但 SNA-2008 也存在一些问题，例如，它不承认非金融性资产（包括水资源、森林资源等）存在负债，然而实际上，很多国家已经或者正在探索自然资源资产金融化、证券化的方式。

国外普遍认同的综合环境与经济核算体系（SEEA-2012）提出，在条件允许的前提下，首先选择市场价格法进行资产估价。如果是不能在市场交易的资产，可使用净现值法、生产成本法作为次优选择。另外，各个版本的 SEEA 对资源租金的估算提出了不同的建议，资源租金测定是否准确，直接影响自然资源资产核算的准确性。资源租金的核算方法主要包括拨付法和间接推算法[②]。

2013 年，欧盟、经济合作与发展组织、联合国和世界银行发布了可实践的生态系统账户（SEEA Experimental Ecosystem Accounts）白皮书；2014 年，联合国环境经济核算专家委员会发布了应用扩展白皮书（SEEA Applications and Extensions），这两个文件和核心

[①]　BARTELMUS P. SEEA-2003：accounting for sustainable development?[J]. Ecological economics，2006，61（4）：613-616.3

[②]　王永瑜. 资源租金核算理论与方法研究 [J]. 统计研究，2009，26（5）：47-53.

框架共同构成了新的环境经济核算账户体系①。

　　自然资源种类繁多，不同类型的自然资源具有不同的实物量量纲和价值量核算方法，因此，自然资源的核算一般采用实物量分类统计、价值量分类核算的方法。对于大部分可见的自然资源，如土地、矿产、生物资源，其实物量的统计较为简单，在过去主要采用人工实地勘察的方法。随着技术进步，自然资源调查或清查统计受人类活动空间范围的制约逐渐减小，尤其是"3S"技术的迅速发展和广泛应用，极大提高了人类掌握自然资源（如土地资源、森林资源）的动态变化效率和精度。在地球垂直方向上，深部钻孔测控技术及探地雷达测控技术的应用，使得人类探矿和海洋资源调查的能力有了极大提升。从 20 世纪 80 年代末、90 年代开始，西方的学者认为，自然资源作为一种生产性资产，政府应将森林、矿物、其他资源的"折旧"纳入国家资产核算体系，生态环境退化和资源环境损害的评估得到了广泛关注，这为自然资源价值量的评估提供了一种崭新的角度，要求在自然资源价值核算时，不能忽略生态环境和资源的折旧（退化）。如前所述，大部分可见的自然资源实物量核算具有一定基础，但自然资源定价或价值评估，却是自然资源价值核算领域的难点所在。国外众多学者从多个角度研究探讨了不同种类自然资源价值核算理

①　史丹. 自然资源资产负债表：在遵循国际惯例中体现中国特色 [J]. 中国经济学人（英文版），2015（4）：22–43.

论和方法[1][2][3]，然而目前尚无统一的自然资源价值核算方法体系。归纳西方国家自然资源机制核算方法，大多以价值替代法为主[4]，如影子价格法、收益还原法、净价法和边际社会成本法等。

1.3.2.4　自然资源资产负债表编制研究进展

自然资源资产核算是自然资源资产负债表编制的基础，而自然资源资产负债表的作用就是核算某个时点自然资源资产禀赋存量及其变动状况，以全面反映核算期自然资源占用、使用、消耗、恢复和增值活动。在西方发达的国家，自然资源资产负债表是伴随着环境经济可持续发展制度的建立逐步开展、深入、完善的。1972 年挪威政府开始对资源与环境核算进行研究，1978 年挪威统计局（CBS）建立了自然资源与环境核算体系（NREA），1987 年发布了"自然资源资产核算与分析"报告。1987 年芬兰政府建立了自然资源资产核算框架体系，核算内容覆盖了森林资源核算、环境保护支出费用统计及空气排碳量。1988 年联邦德国统计局提出《关于卫星账户体系的概念考察》报告，1989 年发布

---

① ADGER W N, WHITBY M C. Natural-resource accounting in the land-use sector: theory and practice[J]. European review of agricultural economics, 1993, 20 (1): 77-97.

② HARRIS M, FRASER I. Natural resource accounting in theory and practice: a critical assessment[J]. Journal of agricultural and resource economics, 2002, 46 (2): 139-192.

③ GUNDIMEDA H, SUKHDEV P, SINHA P K, et al. Natural resource accounting for Indian states—illustrating the case of forest resources[J]. Ecological economics, 2006, 61 (4): 635-649.

④ 同②。

《环境经济综合核算的概念发展》报告，1990 年发布第一份环境经济综合核算实物量投入产出表。1990 年，墨西哥开始对石油、各种类型土地、水、空气、土壤和森林进行环境核算，并每年发布经济与环境账户核算结果，墨西哥统计和地理国家研究所每年根据该数据计算其绿色 GDP[①]。1994 年，荷兰政府发布了《包括环境账户的国民经济核算矩阵体系》(National Accounting Matrix with Environmental Accounts，NAMEA)，核算内容包括对原油和天然气两类自然资源的损耗核算及温室效应、臭氧层破坏、酸雨、藻类污染、废弃物和废水等 6 类环境退化的核算[②]。1997 年，加拿大发布了加拿大自然资源资产账户系统，该账户系统将自然资源信息和环境信息结合在一起，并纳入国家资产负债表，主要包括自然资源资产账户（自然资源存量、土地和生态系统）、物质与能量流量账户、环境保护支出账户 3 类。1992 年，美国商务部启动环境核算方法研究，1994 年公布了《环境与经济一体化核算卫星账户》报告。1999 年美国增加了环境资产核算并将环境资产细分为未开垦的生物资源、未探明的地下资产、未开发的土地、水和空气。2000 年美国财务会计准则委员会（FASB）确定了木材、外大陆架石油、固态可出租矿物质、液态可出租矿物质、可定位矿物质、矿物材料、牧地、电磁频谱 8 类自然资源。澳大利亚每年在国家资产负债表中发布能源和水资源核算数据，以及土壤、土地

① RAUL F D. National Institute of statistics and geography of Mexico[J]. Economic and environmental accounting and green growth，2011，18（4）：619–634.

② HAAN M D, KEUNING S J. Taking the environment into account：the NAMEA approach[J]. Review of income and weaith，1996，42（2）：131–148.

等非生产资源数据。其他国家如法国、英国、日本、菲律宾也均编制了自然资源 – 环境经济账户。从各国的实践来看，自然资源资产核算方法和体系完成了从 SNA 向 SEEA 的转变，近年来逐渐向 SEEA–2012 体系靠拢，并普遍将其纳入国民账户体系，作为推进社会可持续发展的重大措施。

　　尽管经过了几十年的探索实践，但尚未形成专门的、成熟的自然资源资产负债表编制体系。国外"自然资源资产负债表"是指建立在国民收入账户基础之上的自然资源 – 环境会计核算体系 [1][2]，核算内容不仅包括劳动生产性价值，也包括自然生产性价值。因国情和面临的主要问题不同，各国在核算内容上存在较大差异 [3]。从核算内容或核算思路来看，自然资源资产核算可分为资源核算（resource accounting，RA）和环境核算（environmental accounting，EA）。世界资源研究所（WRI）、中国、印尼等采用资源核算（RA）方法，联合国统计局（UNSO）、世界银行（WB）、经济合作与发展组织（OECD）、德国、法国等所编制的环境卫星账户和综合环境与经济核算体系（SEEA）属于环境核算（EA）方

---

① 　LEONTIEF W. Environmental repercussions and the economic structure：an input–output approach[J]. Review of economics and statistics，1970，52（3）：262–271.

② 　VICTOR P A. Pollution：economy and environment[M]. Toronto：University of Toronto Press, 1972.

③ 　ROBERT R. Earth in the balance sheet：incorporating natural resources in national income accounts[J]. Environment：science and policy for sustainable development，2010，34（7）：12–45.

法①。尽管 RA 和 EA 关注重点不同，但目标却是一致的，因为资源和环境是紧密联系的，在经济社会快速发展的当今，资源损耗和环境损害往往是同步发生的，因此需要综合考虑资源核算和经济社会发展的环境影响核算，形成资源环境核算（REA）或环境资源核算（ERA）的完整体系②。从核算范围上来看，1994 年欧盟统计局的 SERIEE 核算体系强调自然资源实物核算的重要性，发展重点在于环境保护支出；1993 年联合国统计局的 SEEA 核算体系关注的是环境资产（包括自然资源资产）及对社会有害的废弃物核算；ENRAP 核算体系③ 主要核算环境污染损害（生产部门的负产出）及其对环境有益的正项目；1991 年荷兰统计局的 NAMEA 核算体系核算范围为所有环境有关的活动，但只计算其实物量。从核算方法看，SEEA 核算体系将环境活动账户单独列示，以区分环保成本与其他成本，主要通过市场价格法、净现值法或重置成本法计算自然资源资产存量价值、损耗测度和重估价，并建议环境损害采用维护成本法或损害评估法估算④。SERIEE 核算重点在于环境保护支出的部分，关注减少环境恶化活动的交易支出，与环境恢复、环境监测等有关的事务也是核算重点。ENRAP 使用意

① 陈玥，杨艳昭，闫慧敏，等. 自然资源核算进展及其对自然资源资产负债表编制的启示 [J]. 资源科学，2015，37（9）：1716–1724.

② 封志明，肖池伟. 自然资源分类：从理论到实践、从学理到管理 [J]. 资源科学，2021，43（11）：2147–2159.

③ 1990 年菲律宾 ENRAP 核算体系主要核算环境污染损害（生产部门的负产出）及其对环境有益的正项目.

④ 林雪姣. 国内外绿色 GDP 核算方法比较研究 [D]. 合肥：中国科学技术大学，2009.

愿调查法和成本估价法分别估算环境服务价值和环境废弃物消解服务价值，但意愿调查法具有较大的主观性，从而削弱了核算结果的可比性。NAMEA 关注环境对经济的影响，通过构建统计指标体系，丰富环境主题账户[①]。

综上所述，尽管国内外目前没有成熟的自然资源资产负债表的编制体系和编制方法，但多个领域的研究中，早已蕴含了编制自然资源资产负债表的理论基础、技术路径和方法论。无论是 SEEA-2012（综合环境与经济核算体系）还是 SNA-2008（国民账户体系），都为自然资源资产负债表的编制提供了经验和借鉴。

1.3.2.5 我国自然资源资产管理研究进展

20 世纪 50—70 年代，在计划经济体制下，我国自然资源的利用长期处于粗放、无序的状态[②]。改革开放后，国家在所有权制度层面上提出了所有权和使用权相分离，相继设立了探矿权、采矿权、林权、土地承包经营权等，但对自然资源资产的认识尚未提到议事日程。我国的国民账户体系沿用苏联的物质产品平衡表体系（system of material product balances，MPS），虽然经过两次修改和完善，吸收了 MPS 和 SNA 的优点，特别是 1992 年用国内生产总值（GDP）代替国民生产总值作为主要核算指标，但我国的国民账户体系忽视了环境损害和资源损耗所带来的负面作

---

① 陈玥，杨艳昭，闫慧敏，等.自然资源核算进展及其对自然资源资产负债表编制的启示 [J]. 资源科学，2015，37（9）：1716-1724.

② 郑晓曦，高霞.我国自然资源资产管理改革探索 [J]. 管理现代化，2013，185（1）：7-9.

用。1987 年，李金昌等翻译卢佩托的《关于自然资源资产核算与折旧问题》《挪威的自然资源资产核算与分析》，以及洛伦兹的《自然资源资产核算与分析》等研究报告，引发国内相关学者对资源核算的关注。1988 年国务院发展研究中心与世界资源研究所联合，开展了"自然资源及其纳入国民账户体系"的课题研究，对资源定价、资源折旧、资源分类和综合核算及自然资源纳入国民账户体系等进行了广泛研究。自此，资源核算及其纳入国民账户体系研究在各方面的支持下逐渐展开，研究方向包括了水资源（含地表水资源和地下水资源）、土地资源、森林资源、草地资源、矿产资源等核算的理论研究和实践活动。研究的主要内容涉及自然资源实物量和价值量核算的方法和理论，自然资源资产核算纳入国民账户体系的必要性、可能性及实现路径、理论和方法。20 世纪 90 年代中期至今，我国的自然资源资产管理体制逐步形成，自然资源资产所有权和使用权分离，实行自然资源资产有偿使用制度，从而奠定了自然资源资产产权制度的基础，自然资源资产管理体制的雏形显现，但长期以来一直未组建独立的自然资源资产管理机构[①]。尽管早在 30 多年前，我国已经开展了自然资源资产核算的相关研究，但这些研究基本停留在理论层面上，研究成果距推广应用还有一定差距，实用性不高。究其原因，主要有 3 个方面：一是自然资源核算涉及资源经济学、环境经济学、生态经济学、国民经济学、地理学、宏观

---

① 李维明，谷树忠. 自然资源资产管理体制改革之管见 [N]. 中国经济时报，2016-02-19（014）.

经济学等多个学科，要求研究人员具有相应的专业知识。二是学术界与政府相关业务部门交流、协作不密切，学术成果缺乏业务数据支撑。三是自然资源产权体制不完善，自然资源价格体系缺失，有偿使用制度的滞后，导致自然资源的核算，尤其是价值量的核算缺乏制度性基础，因而长期以来自然资源的核算基本上停留在实物量核算阶段。

自然资源是经济社会发展的载体和不可或缺的物质基础。自 20 世纪 80 年代至今，经历了 40 多年的高速发展，我国经济社会面临资源约束趋紧、环境污染严重、生态系统退化等问题，今后我国经济社会发展的巨大需求和有限的资源环境条件之间的矛盾，将是制约我国经济社会发展的重大问题之一，这也是我国自然资源管理所面临的严峻挑战之一。2013 年，党的十八届三中全会提出建设生态文明，探索编制自然资源资产负债表等战略措施。党的十九大明确指出，设立国有自然资源资产管理和自然生态监管机构，统一行使全民所有自然资源资产所有者职责，统一行使所有国土空间用途管制和生态保护修复职责，统一行使监管城乡各类污染排放和行政执法职责。根据党的十九届三中全会审议通过的《深化党和国家机构改革方案》，十三届全国人大一次会议批准组建自然资源部，为统一行使全民所有自然资源资产所有者职责、统一行使所有国土空间用途管制和生态保护修复职责提供了体制保障。以此为契机，国内学术界相继开展了自然资源资产负债表及土地资源、水资源、森林资源等自然资源子类资产负债表编制的理论和实践研究[1][2][3][4][5][6]。2015 年两会提出了加快推进自然资源资产负债表编制工作的要求。2015 年 3 月，环保部重启绿色 GDP 研究，内蒙古、贵州、深圳等地先后开展自然资源资产负债表编制探索工作，为全国范围内的自然资源资产负债表的编制工作奠定了基础。

从自然资源资产负债表的框架体系来看，目前我国主要在 SNA-2008 和 SEEA-2012 的基础上，构建能够与国际接轨的、具有中国特色的自然资源资产负债表核算体系。例如，耿建新等[7]以 SNA-2008 和 SEEA-2012 为线索，对国家资产负债表和自然资产负债表的概念、内容和互相关系进行了阐述，分析了我国国家资产负债表与自然资源资产负债表的编制和运用，比较了国家资产负债表和自然资源资产负债表之间的异同，提出了编制我国国

① 焦若静，耿建新，胡钰 . 环境承载能力量化途径的扩展探讨：从土地资产账户角度分析 [J]. 环境保护，2014，42（24）：49-51.

② 张航燕 . 对编制自然资源资产负债表的思考：基于会计核算的角度 [J]. 中国经贸导刊，2014（31）：54-56.

③ 胡文龙 . 自然资源资产负债表基本理论问题探析 [J]. 中国经贸导刊，2014，749（10）：62-64.

④ 申成勇，李琦 . 关于编制森林资源资产负债表有关问题的探讨[J]. 绿色财会，2015，332（2）：6-9.

⑤ 张玮，陈光平，王克强，等 . 建设用地资产负债表编制研究：以上海市 B 区为例 [J]. 中国土地科学，2017，31（8）：32-43.

⑥ 汪佑德，张敦力 . 论自然资源资产负债表的编制基础：基于管理属性视角 [J]. 财会月刊，2016，764（16）：3-5.

⑦ 耿建新，胡天雨，刘祝君 . 我国国家资产负债表与自然资源资产负债表的编制与运用初探：以 SNA 2008 和 SEEA 2012 为线索的分析 [J]. 会计研究，2015，327（1）：15-24，96.

家资产负债表和自然资源资产负债表的设想。胡文龙等[①] 同样以 SNA–2008、SEEA–2012 及国家资产负债表为基础，提出了中国自然资源资产负债表编制的思路和框架体系，明确给出了自然资源资产、自然资源资产负债、自然资源净资产的定义。从核算范围来看，我国自然资源资产负债表将有形的自然资源资产（如土地、森林、水等自然资源资产）及资源 – 环境损耗纳入核算体系，但就目前的研究成果看，主要还是针对自然资源实物量的核算，价值量的核算涉及较少[②③④]。从编制的技术路径来看，一般遵循"由简至繁，由易到难"的原则，采用"先实物后价值、先存量后流量、先分类后综合"的编制路径[⑤⑥]。从核算内容来看，目前我国自然资源资产负债表主要核算土地资源、水资源、林木资源、草地资源、生态系统服务功能价值及经济社会活动产生的环境损害、资源过耗。从核算方法来看，自然资源资产的实物量核算主要基于统计数据，辅以遥感调查；价值量核算一般从两个角度，

---

① 胡文龙，史丹 . 中国自然资源资产负债表框架体系研究：以 SEEA2012、SNA2008 和国家资产负债表为基础的一种思路 [J]. 中国人口·资源与环境，2015，25（8）：1-9.

② 封志明，杨艳昭，闫慧敏，等 . 自然资源资产负债表编制的若干基本问题 [J]. 资源科学，2017，39（9）：1615-1627.

③ 杨艳昭，封志明，闫慧敏，等 . 自然资源资产负债表编制的"承德模式" [J]. 资源科学，2017，39（9）：1646-1657.

④ 丁晓娇 . 自然资源资产负债表编制研究 [D]. 济南：山东财经大学，2017.

⑤ 封志明，杨艳昭，李鹏 . 从自然资源核算到自然资源资产负债表编制 [J]. 中国科学院院刊，2014，29（4）：449-456.

⑥ 陈玥，杨艳昭，闫慧敏，等 . 自然资源核算进展及其对自然资源资产负债表编制的启示 [J]. 资源科学，2015，37（9）：1716-1724.

即自然资源的使用价值和环境价值。自然资源的使用价值大多采用成本替代法核算，而环境价值的核算方法尚处于探索阶段。自然资源的负债核算大致分为 3 个维度：一是资源过耗，比如土地资源消耗超过了地方规划指标，水资源的利用超过了生态系统的自我更新能力；二是环境损害，比如土地资源利用产生的土壤污染等环境损失；三是生态破坏，主要是指自然资源利用所导致的其自身的生态服务功能变化，以土地资源为例，湿地转变为建设用地，湿地原来的涵养水源、改善气候等生态服务功能彻底消失。

1.4 主要研究内容

储备土地资产负债表编制是一项系统工程。储备土地资产负债表是什么，有什么理论依据，为什么要编，如何编，如何应用是必须回答的问题。因此，本书主要从以下几个方面展开研究。

（1）储备土地资产负债表的概念和内涵

结合我国土地储备在新时代生态文明建设背景下的作用，阐述储备土地资产负债表是什么这个问题，界定储备土地资产、负债、所有者权益的概念、内涵及其主要科目。

（2）储备土地资产负债表编制的理论基础

从宏观经济学、环境管理会计、人地耦合系统理论、生态系统服务价值与生态补偿理论、资源环境经济学外部性理论等方面，探索构建储备土地资产负债表的理论框架，为制定储备土地资产负债表编制的技术路线和方法奠定基础。

（3）储备土地资产负债表编制的技术方法

在理论分析的基础上，从编制思路、基本原则、实现路径等多个角度，构建储备土地资产负债表编制的基本框架体系。

（4）储备土地资产核算方法比较

结合土地储备的特点，论述不同类型储备土地资产核算方法的适用性，重点探索储备土地资产经济价值的核算方法及政府储备土地负债核算的可行性和核算方法的合理性。

（5）储备土地资产负债表的应用

通过实证研究，验证储备土地资产负债表的合理性，探索储备土地资产负债表在地方土地资源资产管理方面的作用。

第2章 相关概念界定

本章主要从资产与资产价值、土地资产与土地资产价值、储备土地资产与储备土地资产价值3个方面介绍相关概念，为确定资产负债表的编制范围、编制路径等关键问题提供理论基础。

2.1 资产与资产价值

2.1.1 资产

2.1.1.1 资产概念的发展演化

（1）会计准则形成前的资产概念

会计活动的历史可以上溯至四五千年以前，早期的会计记录仅仅是对所拥有的财产进行监督与控制的一种形式。资产概念是不明确的，仅仅是"财产"、"产业"或"财富"的代名词。如古埃及的"纸莎草纸手稿卷"，最初记录的是财产的清册，后来记录了银子和面包的盘存及预算使用情况，尽可能地对资产的变动进行控制记录；古巴比伦按照物资名称开设的黏土薄板卡片凭证，正面登记物资增加，反面则登记合计数；古希腊罗马时代"阿巴卡"（一种算盘）及铸币形式货币的产生，使得按购买价值计量所有的财富成为现实。

　　中世纪意大利北部贸易和海外贸易的发展，信息不对称及委托代理关系的最初萌芽，客观上为复式记账的发展奠定了基础。为了便于封建社会的主人对自己派出去的委托代理人进行监督和控制，英国的财产会计要求庄园的受托管理人代表庄园主编制财务报告书[①]。代理人期望利用会计资料对经济活动进行规划与控制，产生内部审计制度，强调生产标准化的内部牵制，并引入外部审计。如"检查农田，调查播种及收获情况；检查家畜及增加的数量，调查死亡和尚未出生的家畜；盘存谷物仓库；检查设备；调查是否存在必要的支出和临时性的业务；估算每个官吏的期中会计账目……"[②]。这一时期，不管是王室会计，还是庄园会计，会计的职能仍然是对财产的监督与控制，并没有界定清晰的资产概念。

　　18 世纪初期，随着复式记账方法的推广，一些学者开始研究复式记账法的基本原理。起初认为簿记的目的在于掌控"人们财产的状况和价值"。直至 1907 年，斯普拉格（Sprague）在《账户的哲学》中认为"资产是可获得服务的存储器"，并设想通过始终保持平衡的代数方程式"资产＝负债＋资本"来反映经营成果。资产的这一概念不仅反映了簿记的特征，而且也代表了业主拥有的财产或者取得的利润。由于企业都是以持续经营为前提的，资

---

① 索科洛夫 . 会计发展史 [M]. 北京：中国商业出版社，1990.

② 查特菲尔德 . 会计思想史 [M]. 北京：中国商业出版社，1990.

产应按照"持续经营资产"进行计价。坎宁①在其《会计中的经济学》中论述"资产是指处于货币形态的所有未来服务或所有可转换为货币的未来服务，与之相关的收益权利合法或合理地指向某个或某些人"。由此可见，当时资产概念是从经济学中派生出来的，着眼于未来，是未来劳务所带来的经济利益，可以说是未来经济利益观的维形。

（2）会计准则形成后对资产概念的界定

20世纪是会计规范的时期，随着经济发展和企业规模的扩大，促使企业中所有权与经营权分离，企业管理层占有信息优势。为了尽可能减少信息不对称，更好地保护外部信息使用者的利益，会计信息控制的影响和要求越来越强，会计准则逐步形成，许多会计学家和会计组织都对"资产"进行了界定。

佩顿和利特尔顿②在美国会计学会（AAA）的专题研究报告《公司会计准则导论》中对公司会计工作的准则、概念、成本、收入、收益、盈余等进行了全面介绍，认为未耗用的成本为资产，但后续的其他学者认为这种观点未揭示资产的本质特征。

美国会计师协会（AIA）所属的会计程序委员会（CAP）在1953年的《会计研究公告》第43号中，将借方余额的概念作为资产界定的一条重要原则，认为"资产是体现为借方余额的某种东西，该借方余额是按照公认会计原则或规则从结平的各账户中结转来的，前提它不是负值。作为资产，它代表的或是一种财产权

---

① 坎宁. 会计中的经济学（精）[M]. 北京：立信会计出版社 .1929.

② PATON W A，LITTLETON A C. "An introduction to corporate accounting standards" ——American accounting association monograph No. 3[R].1940.

利，或是所取得的价值，或是为取得财产权利或为将来取得财产而发生的费用支出"。但这种观点受到不少业内人士的质疑，认为这种观点难以被非专业人士理解，并且未揭示资产的经济实质。

AAA 于 1957 年在《公司财务报表所依据的会计和报表准则》中将资产定义为"资产是一个特定会计主体从事经营所需的经济资源，是可以用于或益于未来经营的服务潜能总量"[①]。

1962 年，穆尼茨和斯普劳斯在其著作《会计研究论丛》第 3 号——《企业普遍使用的会计准则》中将资产认定为经济利益，提出资产是预期的未来经济利益，这种经济利益已经由企业通过现在或过去交易的结果而获得。

会计原则委员会（APB）1970 年在《APB 第 4 号公告》中认为"资产是按通用会计准则（GAAP）加以确认和计量的企业经济资源，但还不包括不属于资源却按通用会计准则可以确认和计量的一定递延借项"。

1985 年，美国财务会计准则委员会（FASB）在《财务会计概念公告》第 6 号中给出了资产的定义，即资产是指可能的未来经济利益，它是特定主体从已经发生的交易或事项所取得或加以控制的。

我国财政部 2006 年印发了《企业会计准则——基本准则》。《企业会计准则——基本准则》及相关具体准则的陆续出台在我国政

---

① 葛家澍. 公允价值的定义问题：基于美国财务会计准则 157 号《公允价值计量》[J]. 财会学习，2009（1）：24–27.

府会计改革进程中具有里程碑意义^①。其中对资产的定义为"资产是指企业过去的交易或者事项形成的、由企业拥有或者控制的、预期会给企业带来经济利益的资源"。

不同资产概念比较如表 2-1 所示。

表 2-1　资产概念的特点对照表 ^②

时间	作者	准则公告／著作	定义	侧重点	主要批评
1940 年	佩顿和利特尔顿	《公司会计准则导论》	未耗用的成本为资产	未消逝成本	未揭示资产的本质特征
1953 年	美国会计师协会（AIA）	《会计研究公告》第 43 号	资产是体现为借方余额的某种东西，该借方余额是按照公认会计原则或规则从结平的各账户中结转来的，前提它不是负值。作为资产，它代表的或是一种财产权利，或是所取得的价值，或是为取得财产权利或为将来取得财产而发生的费用支出	记账技术	难以被非专业人士理解；未揭示资产的经济实质
1957 年	美国会计学会（AAA）	《公司财务报表所依据的会计和报表准则》	资产是一个特定会计主体从事经营所需的经济资源，是可以用于或益于未来经营的服务潜能总量	资源	—

① 梁毕明，尹慧敏.关于《政府会计准则——固定资产》与企业会计准则的比较 [J].长春金融高等专科学校学报，2017（5）：76-79，69.

② 朱宇翀.资产概念的比较分析：兼论《企业会计准则（基本准则）》中资产定义的科学规范性 [J].财会通讯，2010（5）：110-112.

续表

时间	作者	准则公告 / 著作	定义	侧重点	主要批评
1962年	穆尼茨和斯普劳斯	《会计研究论丛》第 3 号——《企业普遍使用的会计准则》	资产是预期的未来经济利益，这种经济利益已经由企业通过现在或过去交易的结果而获得	经济利益	—
1970年	会计原则委员会（APB）	《APB 第 4 号公告》	资产是按通用会计准则（GAAP）加以确认和计量的企业的经济资源，但还不包括不属于资源却按通用会计准则可以确认和计量的一定递延借项	不能纳入资源的递延借项	—
1985年	美国财务会计准则委员会（FASB）	《财务会计概念公告》第 6 号	资产是指可能的未来经济利益，它是特定主体从已经发生的交易或事项所取得或加以控制的	未来经济利益	过于抽象
2006年	中国财政部	《企业会计准则——基本准则》	资产是指企业过去的交易或者事项形成的、由企业拥有或者控制的、预期会给企业带来经济利益的资源	资源	—

2.1.1.2　我国现行会计准则下资产与负债的定义

　　资产是指企业过去的交易或事项形成的，由企业拥有或者控制的，预期会带来经济利益的资源。其具备 3 个方面的特征：一是直接或间接导致现金和现金等价物流入企业的潜力，比如企业采购的原材料、固定资产等可以用于生产产品或提供劳务，产品出售后收回的货款就是企业获得的经济利益。二是企业拥有或控制的资源，拥有对应的是所有权，所有权表明企业能够排他性地从资产中获取经济利益。企业一旦可以控制资产，表明能够从资产中获取经济利益。三是由企业过去的交易或事项形成的。只有过去的交易或事项才能形成资产，计划中的购买合同不能形成现时的资产[①]。

负债是指企业过去的交易或事项形成的，预期会导致经济利益流出企业的现时义务。其具备 3 个方面的特征：一是现时义务包括企业承担的法定义务和推定义务，比如企业购买材料、向银行贷款及按税法规定交税等都是法定义务。推定义务是指根据习惯做法，公开的承诺或者公开宣布的政策导致企业将承担的责任，如售后产品质量保修服务等。二是履行债务清偿时会导致经济利益流出企业。三是由过去的交易或事项形成的，未来的承诺、签订的合同等交易或者事项不形成负债[②]。

2.1.2　资产价值

2.1.2.1　价值概念及其内涵

（1）主要经济学价值理论

价值观念是随着人类文明的存在和发展而产生和演变的。早在古典文明的史前时期，就已经出现了价值、交换价值和货币等概念。随着现代经济学的发展，一直到文艺复兴及 16—18 世纪的启蒙运动，人们才开始对标准的价值理论有了深入的研究和讨论，于是有了各种思想流派的争论，每一流派都提出了关于价值的观点。

---

① 宋茂霞.资产、负债定义演进背后的思考[J].纳税，2018，12（31）：211.
② 张悦玫，刘艳萍.会计学[M].北京：人民邮电出版社，2015：342.

①重商主义者和重农学派的价值观。重商主义者认为货币是财富的唯一形态，而价值则产生于商品买卖流通过程中的货币增值量。重农学派则认为价值的本质在于生产而非交换，即价值来自农业生产领域，只有农业生产带来的实物增量才是价值的源泉。

②生产（供给）价值理论。古典学派在某种程度上继承和发展了重农学派的部分观点，认为价值产生于生产过程，价值是生产要素共同作用的结果，应当从生产要素中寻找价值的源泉。亚当·斯密对价值持有两种观点，一方面认为劳动是一切商品价值的源泉；另一方面提出工资、利润和地租是一切可交换价值的3个根本源泉。继亚当·斯密之后，大卫·李嘉图提出了生产过程中边际劳动耗费决定价值量的劳动价值论。萨伊认为物品的价值源于物品的效用或物品的有用性即使用价值；生产过程中的资本、劳动和土地三要素共同协作，生产出具有使用价值的物品，其报酬形成了生产费用，而价值量的大小取决于生产费用。

③边际效用（需求）价值理论。奥地利学派把对市场需求及效用理论的研究放在了同等重要的位置上，认为价值来自于人们对于商品的主观评价；效用是价值的源泉；效用和稀缺性是价值形成必须同时满足的两个充分条件；商品价值由该商品的边际效用决定。

④新古典经济学价值理论。以马歇尔为代表的新古典经济学派将边际效用学派的价值理论和生产价值论的价值理论结合起来，形成了均衡价格理论。马歇尔提出供给与需求双方的力量决定价格（价值），他并没有严格区分价值与价格，而是将二者视为等同。他认为商品或劳务的客观效用或满足欲望程度的衡量标准

就是价格；效用和生产费用是影响价格的两个均等因素；市场竞争程度通过供求关系来影响商品或劳务的价格；市场均衡价格也不是固定不变的，而是不断变化的。

⑤马克思劳动价值理论。马克思劳动价值理论提出价值是凝结在商品中的无差别的一般人类劳动。价值量的大小依据平均的社会必要劳动时间来确定。价格是商品价值的货币表现，商品的价值是在生产过程中形成、在交换过程中实现的，而商品交换过程中形成的价格除取决于商品生产过程所包括的价值的大小外，还受市场中诸多因素的影响。

从主要经济学派价值概念的认知可以看出：价值是商品中同质的东西，使不同商品可相互比较；价值是商品中可测度的东西，使不同商品具有相互交换的比例；价值是商品中社会所共同认可的东西，使商品在社会范围内进行交换。也就是说，价值是商品交换的内在基础，是商品中同质的、可测度的和社会所共同认可的因素。

（2）价值内涵

价值的影响因素很多，包括自然因素、政治因素、经济因素和社会因素等。就经济价值而言，主要是由稀缺程度、需求状况、有用性和购买力等要素决定的。虽然经济学中的劳动价值论、效用价值论和均衡价格理论等分别从不同角度诠释了价值，但总体上价值的基本内涵体现在两个方面。

一是在数量上，价值是指某种东西可转化或者可体现为某单位量的表现，指任何物质实体、过程、劳务、权利的交换价值，是可以用于交换其他东西的货币量，即未来收益的现值。价值量由最可能成交的货币量决定，或者由带来收益的现值决定。

二是在成因上，价值是可以估价的一件东西，即可以描述的某些有价值的东西。它是固有的效用以任何物质实体、过程、劳务或权利的最重要的特性和质量所在，使得其具有生产能力，也是人们为什么愿意为其付钱的原因。对于作为主体的人它的作用和影响是客观存在的[①]。

2.1.2.2　资产价值评估的理论基础

资产价值评估是资产评估中最基础的概念之一，它与资产评估标准的选择和资产评估方法的运用密切相关。评估指的是评价估量，评估对象比较多样，可以是方法、效果、状态等，也可以是价格。根据评估对象不同，结果既可以是定量的，也可以是定性的。马克思劳动价值论认为：价值是凝结在商品中的无差别的一般人类劳动；商品的价值量是由生产这种商品的社会必要劳动时间决定的；价格是商品价值的货币表现，价格以价值为基础并受供求关系和货币价值量的影响，因此价格总是围绕着价值上下波动。从劳动价值论关于价值与价格相互关系的基本原理来看，价值具有相对的稳定性，但价格却具有一定的波动性[②]。资产价值受时间与空间影响，价格是其价值的货币化体现，大部分资产的评估对象为价格而不是价值，如固定资产等。《国际资产评估标准》指出：资产价值评估是指用于购买的资产服务和买卖这些资产服

---

① 司明，王建中.价值、价格与资产评估价值内涵研究[J].中国乡镇企业会计，2011（4）：23-24.

② 马克思.资本论[M].中共中央马克思恩格斯列宁斯大林著作编译局，译.北京：人民出版社，2004.

务的人们之间的货币关系。资产价值评估不是事实，而是在假定时间资产服务价值的评估值。我国资产价值评估的理论研究体系尚处在探索阶段，并没有形成统一的认识。

对于国内的资产评估理论体系，不同的学者给出了不同的理论框架。王景升认为资产评估的逻辑顺序为：资产评估理论的起点、前提与导向到资产评估基本理论，再到资产评估的规范理论，最后是资产评估的应用理论，它们之间是导向、基础、规范到应用的关系①。汪海粟和张世如则从经济学的视角将其分为基础理论和应用理论，基础理论包括评估环境的界定和经济主体行为的假设，应用理论包括评估制度安排和评估结果的比较②。余海宗按评估步骤将评估理论分为评估目的、评估标准、评估方法和评估结果 4 个部分，依据程序划分逻辑层次，列出了基本概念、评估原理、评估准则和评估方法的框架③。在崔茜、王建中的硬核和保护带二元模式中，硬核部分勾勒了资产到假设再到价值之间的框架体系④。郑炳南将资产评估理论分为目的层、标准层、方法层和结果层 4 个部分⑤。

---

① 王景升.我国资产评估理论结构问题研究 [J]. 理论界，2005（11）：70–72.

② 汪海粟，张世如.关于专业判断原则与资产评估方法的辨析 [J]. 中国资产评估协会，2009（7）：15–18.

③ 余海宗，骆红艳，王萍.论我国资产评估理论体系的构建 [J]. 四川会计，2001（2）：9–11.

④ 崔茜，王建中.资产评估理论结构模型构建 [J]. 财会通讯（理财版），2008（4）：27–28.

⑤ 郑炳南，刘永清.论资产评估结果：关于公允市价、价值、价格的思考 [J]. 暨南学报（哲学社会科学），2000（3）：82–86.

2.2　土地资产与土地资产价值

2.2.1　土地资产

土地资产是指以土地资源为基本物质形态所形成的财产。对于土地所有者而言，所有者的收益权在土地资产存在这一方式上得到独立的表现。土地资产指具有稀缺性、有用性（包括经济效益、社会效益、生态效益），且产权明晰的土地资源①。

土地资产是土地所有者处置所拥有的土地财产的一种方式，即为取得收益将土地投入经济运行的方式。土地资产的处置方式有 3 种：一是自行经营；二是委托经营；三是租赁经营。土地所有者在自行经营时，土地收益与生产经营利润融为一体为所有者获得；土地所有者在委托经营时，土地收益以土地生产经营利润的形式为所有者获得；土地所有者在出租土地时，土地收益以地租的形式为所有者获得②。

2.2.2　土地资产价值

2.2.2.1　土地资产价值内涵

土地作为资产，具有鲜明的商品性，企业和个人对于土地资产的使用和经营遵循市场经济规律，受自由交易和利润最大化原

---

① 中华人民共和国自然资源部．全民所有土地资源资产核算技术规程　TD/T 1059—2020[S]．北京：中国标准出版社，2020.2.

② 秦海荣．土地资源、土地财产与土地资产辨析 [C].// 中国土地学会．土地市场与土地资源优化配置——中国土地学会第四次会员代表大会学术年会论文集．北京：中国土地学会，1994：2.

则的支配。土地资产强调土地的权属性质及财产权利，关注土地的权利形态；土地资产价值强调土地的价值属性与运动增值，关注土地的价值形态[1]。因此，土地资产价值是土地资源资产按照统一规则，对一定时间（或时点）和空间内土地资源资产的价值量进行全面整体调查、分类批量评估、统一核定分析确定的，在为人类生产生活提供各类服务中体现的经济价值量，具体反映为土地价格。

由于我国实行土地公有制，城市土地的所有权属于国家，能够进入市场进行交易和转移的主要是土地使用权，因此我国实践中的土地价格主要是土地使用权的价格。由于使用权往往是有期限的，因此土地价格又往往是一定年期的土地使用权价格。在2014年我国颁布的《城镇土地估价规程》中，规定我国城镇土地估价的土地价格内涵为"在公开市场下形成的，一定年期建设用地使用权的权利价格"。

在我国现行城市土地制度与土地市场体系下，土地价格的产权特征是国有土地使用权，主要价格形态有国有土地使用权出让价格、抵押价格、转让价格、作价出资（入股）价格等。国家为了土地市场调控与管理的需要，还建立了公示地价体系，包括基准地价、监测地价、标定地价等。

2.2.2.2 土地资产价值核算体系

在土地资源调查、土地价格评估和国民经济核算基础上扩展形成的土地资产价值核算，既是综合环境经济核算的专题内容，也是国家资产负债表中的重要组成部分，其特点决定了土地资产价值

---

[1] 李陈，杜茎深. 土地"三资"递进转化与叠加冲突理论初探 [J]. 国土资源科技管理，2021，38（2）：23-30.

核算除了必须遵循科学性、规范性、全面性原则外，还要重点关注衔接性原则，突出有限条件下的可实施性特征。核算工作应与我国现有土地资源调查体系相衔接，提升统筹性，强调对已有数据合理有效利用；同时，兼顾成果精度、可支撑的工作投入与管理的应用需求，保障全国规模化实施顺利进行。

　　土地资产价值核算中的两类核心要素是土地面积和土地价格。在现行技术体系下，土地面积具有相对较高的客观可量测性，且近年来土地资源调查工程的空间与地类覆盖范围广、工作持续性强、标准一致性和成果精度较高。因此，土地价值的客观量化难度相对更高些，是方法分类的核心要素。从实际操作角度出发，结合我国现行地价体系的覆盖与运行特征，可将土地资产价值核算方法体系分为宏观、中观及微观三大类[①]，如图 2-1 所示。

　　宏观尺度的土地资产价值核算是指以县级以下（含县级）行政单元为基本核算单元的土地资产价值核算。对行政单元内部土地质量、价格的空间分布差异不予体现。该类方法通过分别测算行政单元内各用途的土地平均价格，与相应地类的面积结合，测定土地资产价值总量。在实施过程中，如何参照现行的基准地价、监测地价、交易地价等价格信号，客观确定行政单元内不同地类的价格总体水平是影响该方法核算结果的关键。该类方法对土地资源调查、土地资产评价等多源数据间的空间匹配精度要求低，在无矢量数据的情况下，仅通过行政编码即可实现基本核算单元上实物量与价值量数据的匹配，从而便于在较大区域范围内快速

[①]　赵松，王锟，李超. 土地资产核算方法体系与实施路径设计 [J]. 中国土地，2018（12）：19–22.

完成核算。

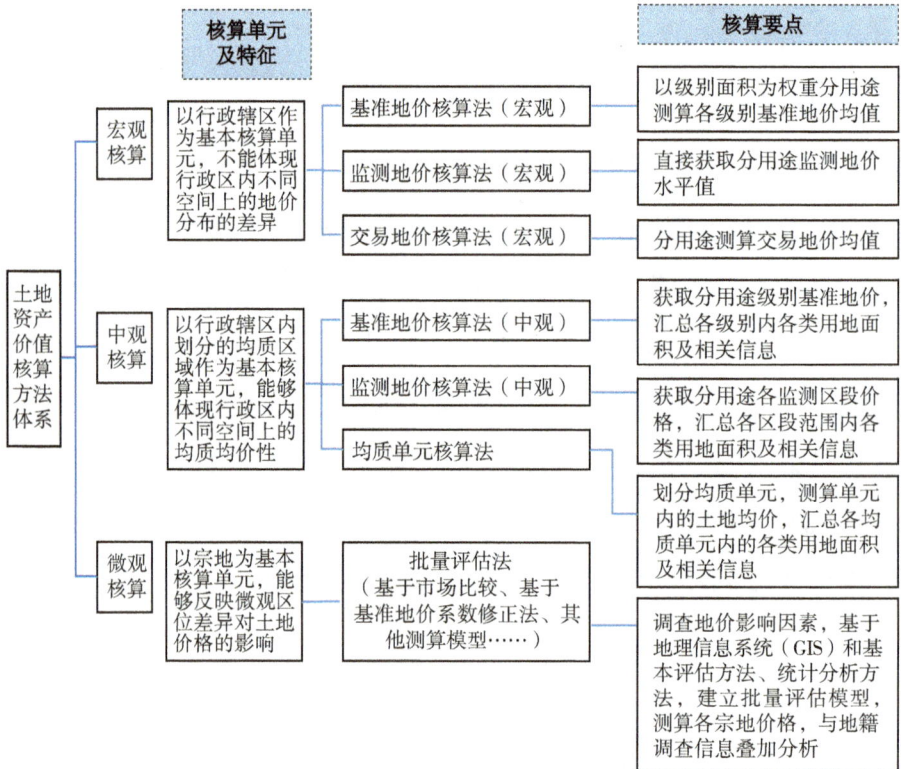

图 2-1　土地资产价值核算方法体系

中观尺度的土地资产价值核算是指在一个行政单元内部，评定划分各类土地的均质区域，以各均质区域作为基本核算单元，测算不同均质区域的平均价格，与相应地类面积结合，实现土地资产价值核算。此类方法能够更好地体现土地价值在不同空间区位上的差异性，精度高于宏观尺度的核算，且由于在行政区划信息中叠加了空间区位信息，有助于对核算结果进行精细化分析与应用。实施过程需同时具备土地实物量与地价信号的空间矢量数据，以便实现在县级行政区内部，将不同均质区域上的各类土地面积与同类价格信息精准匹配。

微观尺度的土地资产价值核算是指以各个宗地（或具体利用状况一致的地块）作为基本核算单元进行的土地资产价值核算。通过测定、汇总各宗地的土地价值总量，形成整体核算结果。核算结果中不仅体现了行政区划和空间区位信息，通常还需包括更为具体翔实的权属信息、配置信息、利用信息等，从而大大拓展核算结果的应用领域。该方法形成的高精度核算成果能够支撑各类口径下的统计分析，适用于涉及相关内容的履职考核、全民所有自然资源资产平衡表（负债表）编制等精细化管理需求。其不足之处在于：工程任务繁重、对基础数据的完备程度和多源数据间的空间匹配精度要求高、耗费成本大，通常需借助批量评估方法完成各宗地单元的价值评估。现阶段，该方法的适用范围有较多局限，但随着相关领域基础资料的积累完善，以及信息化工具的应用推广，其实践可操作性及应用效率将快速提升[①]。

2.3 储备土地资产与储备土地资产价值

2.3.1 储备土地

储备土地是指尚未设立使用权或使用权已消灭、以国家所有权形态存在的国有建设用地，由有关人民政府代理履行所有者职责，享有占有、使用、收益和处分的权利。具体包括：政府依法

---

① 赵松，王锟，李兆宜，等.土地资源资产核算的方法体系与实践研究 [J]. 中国国土资源经济，2021，34（6）：11–15，21.

收回且原使用权人已注销的国有建设用地；政府通过收购、优先购买等方式取得的国有建设用地；其他无明确的使用权人、无权属争议的国有建设用地；城镇建设用地范围内，政府依法征转取得的国有建设用地。

2.3.2 储备土地资产内涵

储备土地资产是指由政府拥有或者控制的（即产权清晰），可产生经济效益、社会效益或者生态效益的储备土地资源。

（1）储备土地资产由政府拥有或控制

这里的"拥有"是所有权的一种表现形式，指的是政府拥有储备土地资产的所有权。根据现代产权理论，资产之所以能成为资产，其前提条件是产权清晰，产权不清晰的资源不能确认为资产。

（2）储备土地资产具有经济价值、社会价值或者生态价值

储备土地按照规划用途可分经营性用地和非经营性用地，规划用途为住宅用地、商业服务业设施用地等经营性用地，能够为政府带来未来经济利益的流入；规划用途为绿地、道路交通用地等非经营性用地，一般无法为政府带来未来经济利益的流入，但是其具有社会价值或生态价值，同时在一定程度上，片区收储项目中，规划用途为非经营性用地的储备土地，也提高了规划用途为经营性用地的储备土地资产的价值。

资产在企业管理领域是指由企业过去的交易或事项形成的，由企业拥有或者控制的，预期会给企业带来经济利益的资源。土地资产是指以土地资源为基本物质形态所形成的财产。结合以上

定义，我国储备土地资产应理解为由政府拥有或者控制的，预期
会给政府带来经济利益的储备土地资源。因此，储备土地资产主
要分为两类：一类是指在土地收储工作中，纳入土地储备年度计
划但尚未进入土地储备库的土地，该类土地虽然未进入土地储备
库，但是在其拟收储的这一阶段已产生收购、征收、拆迁补偿等
成本，且预期会给机构带来收益，因此应该纳入储备土地资产价
值核算的范围；另一类是经过收购、征收、置换等法定程序已经
进入储备库的土地，该类土地的不动产权证已办理在政府土地储
备机构名下，属于政府土地储备机构名下的储备土地资产。同
时，部分政府土地储备机构的入库储备土地已经经过前期开发阶
段，具备随时供应市场的条件，有很强的"变现"能力，是储备
土地资产中最优质的资产。

2.3.3　储备土地资产价值

作为一种特殊的自然资源资产，储备土地资产具有经济价
值、社会价值或者生态价值。储备土地资产的经济价值是有形
的，可以通过市场交易实现和计量，而它的生态价值和社会价值
是无形的，很难通过市场交易来实现，属于自然资源与环境的经
济外部性。因此，本书仅研究储备土地资产价值中的经济价值。

土地储备制度是我国在城市土地管理过程中为满足土地市场
运行与调控的需要，逐步建立起来的制度。按照《土地储备管理
办法》的界定："土地储备是指县级（含）以上国土资源主管部门
为调控土地市场、促进土地资源合理利用，依法取得土地，组织
前期开发、储存以备供应的行为。"由此可见，我国的土地储备行

为由地方政府组织实施，目的是调控土地市场、促进土地资源合理利用，具体过程包括取得土地、前期开发、储备土地等。

储备土地资产经济价值是指储备土地经济投入或者预期可实现的经济收入，其具体的价值表现形式与储备土地的规划条件和所处开发阶段相关。当储备土地规划用途、规划容积率等规划条件明确时，其表现形式为规划条件下的预期土地出让收入或者划拨地价款，即法定最高出让年期出让收入或者无年期限制划拨地价。当储备土地规划条件不明或者尚未有规划条件时，暂时无法形成可获得的预期土地出让收入或者划拨地价款，其表现形式为土地成本投入，具体又可分为土地收储成本、前期开发成本、资金成本和其他成本。

储备土地资产经济价值一定程度上可反映为储备土地价格，储备土地价格可以理解为购买一定年期储备土地使用权的价格。然而由于土地储备过程中，储备土地状态具有动态性，其土地使用权价格也会随之改变。在土地储备实施过程中，涉及的有关成本及价格指标主要有土地收储成本、土地开发成本、土地储备管理费用、储备土地资产收益、储备土地价值等。其中，根据收购方式的差异，土地收储成本还可以细分为征地补偿费、收购成本、置换成本等。

第 3 章　储备土地资产价值核算方法

不同产权状态、不同做地阶段的储备土地，其价值形态与分类标准存在较大差异，本章主要介绍储备土地实物量与价值量确定方式、储备土地价格体系的构建方式。为了使储备土地的价值具有可比性，通常规定一个统一的评估时点，在该时点下，储备土地的产权状态、所处做地阶段、投入的资金量才具有唯一性。本书将储备土地资产价值核算的时点确定为每年的 12 月 31 日，储备土地资产的分类，同样以该时点为准。

3.1　储备土地实物量

储备土地资源是自然资源的一种，因此同自然资源一样具有自然属性、经济属性和公共属性。所谓自然资源，就是自然界天然存在、未经人类加工的资源，因此自然属性是其本质属性和基础属性；而自然资源在人类的生产生活中具有重要的价值，这些价值有的可以通过产权与交易实现，如土地价值、水资源价值等，表现出经济属性；有的则产生普惠式作用，产生外部性效应，如生态功能、环境功能等，表现为公共属性。

因此，储备土地资产价值核算需要综合考察自然资源各种属性，资源属性要核算表征出资源类型、总量规模、资源质量等；经济属性要核算表征出资源可交换与实现的市场价值；公共属性则需核算表征出其生态功能、环境功能、景观功能等。储备土地资产负债表编制的目标是促进资源资产合理利用与保护，在这一目标体系下，应首先以实物量核算为主、以价值量核算为辅。究其原因，一是实物量是自然资源要素的基础，只有在实物量得到科学、准确核算的基础上才能谈得上其他；二是大多数自然资源具有外部性，如自然资源的生态价值、环境改善功能等，难以市场化地实现与考察，这决定了其价值量具有外部性和不确定性，而对于部分可交易的自然资源，如土地资源、生物资源等，可进行价值量核算予以补充。因此，储备土地资产价值量核算应遵循可市场化原则。关于自然资源生态价值，由于其具有外部性，可以探索自然资源的生态价值核算方法，乃至生态产品的市场化实现机制，但是在尚难以通过市场的方式予以考核与判断价值量之前，应更重视对生态产品实物量、生态功能质量等的考察[①]。

3.1.1　土地储备工作环节

我国现行的土地开发利用制度具有全生命周期的特性，具体包括"批、征、储、供、用"5个环节。其中，"批"指市、县人民政府按批次申请或单独选址的项目申请用地，经国务院或省级人民政府批准，将集体所有的农用地转用为建设用地并予以征收

---

① 朱道林，张晖，段文技，等.自然资源资产核算的逻辑规则与土地资源资产核算方法探讨 [J]. 中国土地科学，2019，33（11）：1–7.

和市、县人民政府依法批准开展收回、收购、优先购买国有建设用地的过程；"征"指市、县人民政府依法实施征收集体土地或收回、收购、优先购买国有土地的过程；"储"指储备机构通过征收、收回、收购、优先购买取得土地，进行前期开发整理储存以备供应的过程；"供"指市、县人民政府依法进行划拨、出让建设用地的行为；"用"指项目用地单位依法取得国有土地使用权进行开发建设的过程。土地储备涉及"征、储"，是其中主要的环节。

根据储备土地的产权状态，土地储备工作可以分为拟收储和入库 2 个环节，如图 3-1 所示。

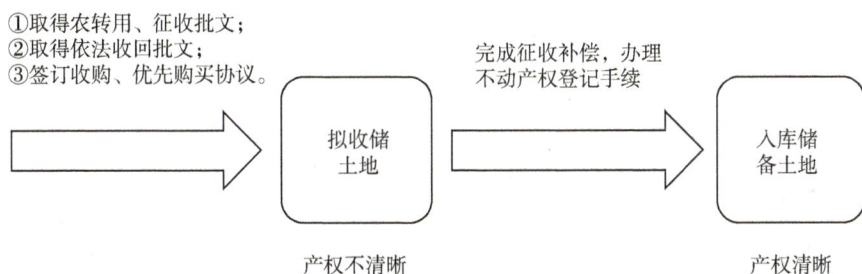

①取得农转用、征收批文；
②取得依法收回批文；
③签订收购、优先购买协议。

完成征收补偿，办理
不动产权登记手续

拟收储
土地

入库储
备土地

产权不清晰

产权清晰

图 3-1　拟收储土地、入库储备土地阶段划分

拟收储土地、入库储备土地阶段的业务具有很强的关联性和连续性，根据土地储备项目实施进度，拟收储土地和入库储备土地对应的工作节点包括启动收储、投入资金、取得完整产权、完成前期开发等，如图 3-2 所示。

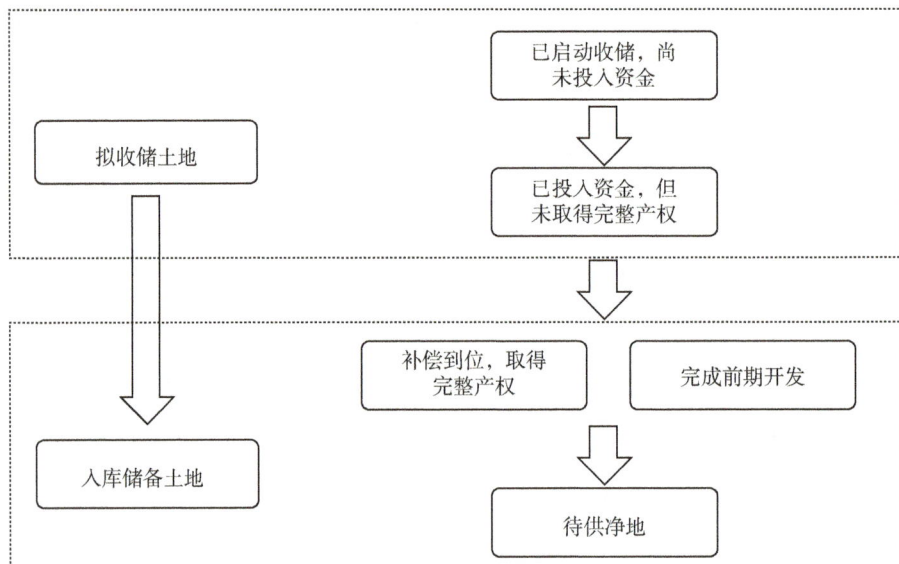

图 3-2　土地储备环节及对应工作节点

3.1.1.1　拟收储环节

根据《土地储备管理办法》规定，按土地储备项目实施进度，拟收储土地包括以下工作节点：①取得农用地转用、征收批文或收购、收回批文；②启动收回、收购、征收等工作；③完成收回、收购、征收等工作。在我国部分城市为缩短工作周期，将入库阶段部分工作前置，在拟收储阶段已可做到完成以下工作节点：启动前期开发等工作或完成前期开发等。

土地收购是储备土地工作的核心环节，是指政府委托土地储备机构通过征用农村集体土地、收回闲置土地、调整不合理配置用地和土地置换等行为取得土地的过程。具体包括以下4种途径。

（1）征收

指国家为了社会公共利益的需要，依据法律规定的程序和批准权限，在给予原土地使用者合理补偿后，将列入城市发展规划的农村集体土地或国有土地的土地使用权收回的行为。

（2）收回、收购、优先购买

主要是指因实施旧城区改造或落实城市规划而需要调整使用土地时依法取得土地的情况，政府可以通过给予原土地使用者一定的合理补偿后收回剩余期限的国有土地使用权。同时，对于城市房地产交易中存在明显价格与价值不符的情况，即低于市场正常交易价格进行房地产买卖的，当地政府可以行使优先购买权收回该幅土地的使用权。

（3）置换

对在企业改制中，部分使用不合理的工业用地，可以利用价值杠杆，实现不同地块使用权置换，达到收回土地使用权的目的，从而有利于土地资源的重新配置。

（4）依法收回国有土地

主要包括到期收回、违法使用收回、闲置收回等。这类依法收回的土地特点在于强制性和无偿性。市、县人民政府或自然资源管理部门依法无偿收回国有土地使用权，由当地土地登记机关办理国有土地使用权注销登记。《中华人民共和国城市房地产管理法》第二十五条规定，房地产开发商获得土地使用权后，两年内没有实施开发，政府可以依法将土地收回。

3.1.1.2　入库环节

入库储备土地包括以下工作节点：①补偿到位，取得完整产权；②完成前期开发等工作，形成可进入土地市场的"净地"。

在储备土地入库阶段，政府委托土地储备机构的主要工作包括土地前期开发与管护利用，具体是指土地储备机构通过统一规划、统一拆迁、统一配置和统一开发等方式对所收购的土地进行整理、包装与储备的过程。土地前期开发与管护利用一般包括以下3个部分内容。

（1）前期开发

指按照土地利用总体规划、城市规划、土地利用年度计划和土地储备计划，由政府统一确定土地用途与规划指标，委托土地储备开发主体对待储备土地进行拆迁安置、土地平整、基础设施建设和公用配套设施建设，按期达到土地既定开发标准的土地开发行为。按照《土地储备管理办法》规定，储备土地的前期开发应按照该地块的规划，完成地块内的道路、供水、供电、供气、排水、通信、围挡等基础设施建设，并进行土地平整，满足必要的"通平"要求。其中，开发标准大致包括三通一平、五通一平和七通一平。具体工程要按照有关规定，选择工程勘察、设计、施工和监理等单位进行建设。

（2）土地管护

完成土地一级开发的土地不一定直接进入出让环节，往往先进入土地储备库，将其存储起来，再视城市发展需要和土地市场需求状况，按照土地供应计划适时供应市场。在土地储备环节中，政府土地储备机构还需对储备地块进行管护，包含属地管理、自行管护、委托管护、临时利用等情形。土地储备时间的长短根据城市发展对土地的需求和政府财力的承受能力等情况确定。

（3）土地临时利用

在储备土地未供应前，政府土地储备机构可将储备土地或连同地上建（构）筑物，通过出租、临时使用等方式加以利用。储备土地的临时利用，一般不超过两年，且不能影响土地供应。储备土地的临时利用应报同级自然资源主管部门同意。其中，在城市规划区内储备土地的临时使用，需搭建建（构）筑物的，在报批前，应当先经城市规划行政主管部门同意，不得修建永久性建筑物。

3.1.2　储备土地资产

由于不同土地储备环节产权状况不同，而不同产权状况的土地难以进行土地价值核算，因此本书认为只有当政府取得了储备土地的完整产权时（即根据《土地储备管理办法》定义的入库储备土地），才可将其作为储备土地资产纳入储备土地资产负债表编制中。再根据储备土地的开发建设条件，可将储备土地资产划分为待施储备土地、在施储备土地与待供储备土地 3 个阶段类型。

3.1.2.1　待施储备土地

待施储备土地是指政府储备机构投入资金并完成相应收储工作，取得农用地转用和征收批文的新增建设用地，有市、县人民政府相应批文的依法收回的土地，以及签署收购、优先购买协议的土地。待施储备土地产权状态清晰，原土地使用权证已注销并应登记到政府土地储备机构名下，政府取得土地的全部产权，此阶段的储备土地尚不具备开发建设条件，无法进入土地市场。

3.1.2.2　在施储备土地

在施储备土地是指政府委托土地储备机构或各类开发区（园区）管委会、国有平台公司、基层政府或有关部门投入资金启动前期开发但未完成前期开发的已入库储备土地。此阶段的储备土地已具备一定开发建设条件，但不能直接进入土地市场。

3.1.2.3　待供储备土地

待供储备土地是指已完成储备土地入库并完成前期开发，政府具有完整产权、即时可供的储备土地。

3.2　储备土地价格指标

3.2.1　储备土地拟收储环节涉及的价格指标

拟收储环节涉及的价格指标是指政府土地储备机构在征收、收购、置换过程中给予土地原使用者的安置补偿费用或有偿收回费用，即土地收储成本。根据收储方式的不同，可以分为征地补偿费、收购成本和置换成本3类。

3.2.1.1　征地补偿费

征地补偿费包括土地储备机构在征收国有建设用地和农村集体建设用地过程中支付的相关补偿费用。征收国有建设用地补偿费用主要包括拆除房屋及构筑物的补偿费、拆迁安置补助费及相关税费。征收农村集体建设用地需要支付农村集体经济组织及农民征收农地的补偿费用，主要包括土地补偿费、安置补助费、地上附着物补偿费和青苗补偿费4个部分。

土地补偿费是国家征收土地时，为补偿被征地单位的经济损失而向其支付的款项。安置补助费是指国家征地时为安置被征地单位因征地而失去土地的农业人口的生产、生活而向其支付的款项。根据《土地管理法》，"征收农用地的土地补偿费、安置补助费标准由省、自治区、直辖市通过制定公布区片综合地价确定。制定区片综合地价应当综合考虑土地原用途、土地资源条件、土地产值、土地区位、土地供求关系、人口，以及经济社会发展水平等因素，并至少每三年调整或者重新公布一次"。地上附着物指被征收土地上的房屋、树木等，补偿金额视附着物价值与折旧情况而定。青苗补偿费是指国家征收土地时，农作物正处在生长阶段而未能收获，国家应给予青苗所有者的经济补偿。征收农用地以外的其他土地、地上附着物和青苗等的补偿标准由省、自治区、直辖市制定。对其中的农村村民住宅，应当按照先补偿后搬迁、居住条件有改善的原则，尊重农村村民意愿，采取重新安排宅基地建房、提供安置房或者货币补偿等方式给予公平、合理的补偿，并对因征收造成的搬迁、临时安置等费用予以补偿，保障农村村民居住的权利和合法的住房财产权益。县级以上地方人民政府应当将被征地农民纳入相应的养老等社会保障体系。被征地农民的社会保障费用主要用于符合条件的被征地农民的养老保险等社会保险缴费补贴。被征地农民社会保障费用的筹集、管理和使用办法由省、自治区、直辖市制定。

3.2.1.2　收购成本

收购成本是指政府收购国有建设用地时，给予原土地使用者一定的合理补偿以收回剩余期限的国有土地使用权的费用。

3.2.1.3　置换成本

政府土地储备机构取得置换土地的成本，是其为获得土地使用权所付出的成本。虽然土地置换是非货币性资产交换，一般也包含在政府土地储备机构的成本核算中。

3.2.2 储备土地入库环节涉及的价格指标

入库环节涉及的价格指标是指政府土地储备机构在土地开发、储备过程中用于土地前期开发与管护利用产生的费用、成本及经济效益，即主要包括前期开发费用、土地储备管理费用和临时利用收益。其中，前期开发费用和土地储备管理费用可以统称为土地开发储备成本，而临时利用收益属于储备土地资产收益的范畴。

3.2.2.1 入库储备土地前期开发成本

在土地前期开发过程中，土地储备机构在建筑物拆除、土地平整、基础设施配套建设中的支出包括拆除平整成本、基础设施建设投资等。

3.2.2.2 土地储备管理费用

由于政府土地储备机构需要对储备土地进行管护，或进行委托管护，在此过程中产生土地储备管理费用。

3.2.2.3 临时利用收益

在储备土地已入库未供应前，政府土地储备机构可将储备土地或连同地上建筑物，通过出租、临时使用等方式加以利用，因此在此环节可能会产生储备土地临时利用收益。

3.2.3 土地供应环节涉及的价格指标

土地供应环节涉及的价格指标是指政府土地储备机构根据国土空间规划及年度国有建设用地供应计划，通过划拨、出让、租赁、作价出资入股等方式供应土地获得的经济收益，也就是储备土地最终形成的经济价值。

3.2.4　其他相关价格指标

3.2.4.1　偿还融资费用

土地储备的资金来源分为财政拨款、土地储备专项债券资金、国有土地收益基金、融资资金和其他资金来源 5 个部分。其中，融资资金主要是指在 2016 年财政部、国土资源部、中国人民银行与银监会四部委联合印发《关于规范土地储备和资金管理等相关问题的通知》（财综〔2016〕4 号）前，政府土地储备机构以储备土地作为抵押的银行融资贷款。由于银行融资贷款存在一定的利率，因此土地储备机构需在还款之前额外支出银行利息等费用。

3.2.4.2　其他费用

土地储备过程中产生的上述所列费用中未包含的其他费用支出。

3.3　储备土地资产价值体系构建方式

3.3.1　土地储备过程中的价格指标及含义

第 2 章和第 3 章对我国土地储备过程中涉及的相关概念进行梳理，在土地储备过程中主要涉及以下关键价格指标：土地收储成本、土地开发与管护成本及储备土地出让收益，具体指标构成及含义如表 3-1 所示。

表 3-1 我国储备土地过程中的价格指标及含义

价格指标	构成/形态	含义
土地收储成本	征地补偿费	土地储备机构在征收农村集体用地过程中支付的相关补偿费用
	收购成本	政府收购国有建设用地时，给予原土地使用者一定的合理补偿以收回剩余期限的国有土地使用权的费用
	置换成本	土地储备机构取得置换土地的成本
土地开发与管护成本	前期开发费用	在土地前期开发阶段，土地储备机构在建筑物拆除、土地平整、基础设施配套建设中的支出，包括拆除平整成本、基础设施建设投资等
	土地储备管理费用	由于土地储备机构需要对储备土地进行管护，甚至有委托管护的可能，在此过程中产生的费用
储备土地出让收益	土地出让价款	土地储备机构根据土地利用总体规划、城市规划及土地出让年度计划，通过划拨、租赁、协议、招标和挂牌方式供应土地获得的经济收益

3.3.2 储备土地资产价格指标体系构建

通过系统梳理与分析我国土地储备的不同阶段及其所涉及的成本、价格指标，基于土地资产价值核算的基本目标与要求，我们提出储备土地资产价格指标体系构建主要包括 3 个方面。

3.3.2.1 土地收储成本

在土地收储阶段，储备土地尚未开展前期开发，此阶段的储备土地状态与收购、征收、收回、置换时的土地状态相同，该阶段储备土地价值即为该土地在收购、征收、收回、置换时的价值，可用土地收储成本表征。此外，某些储备土地在此阶段尚未确定未来规划用途，某些储备土地已具有规划用途但该用途具有不稳定性，即规划用途与土地供应时的实际用途存在一定的出入，不宜依据未来资产收益测算土地资产价值。因此，依据政府土地储备机构在此阶段土地取得时投入的实际成本（即土地收储成本）核算该阶段的储备土地资产价值。

3.3.2.2 土地开发与管护成本

由于土地前期开发阶段，储备土地还未完成前期开发，尚未具备出让条件，因此，此阶段的储备土地价值可分为两部分。一部分是该土地在收购、征收、置换时的价值，可用土地收储成本表征；另一部分是经过部分开发投入后土地增值的部分，土地增值部分不易计量，可用在此阶段的投入成本代替表征。因此，在此阶段需要依据在土地取得环节、前期开发环节投入的实际成本支出核算该阶段储备土地资产价值。

3.3.2.3 储备土地资产价值

针对已储备入库、具备出让条件且规划用途明确的储备土地，其资产价值可以用预期出让收益来衡量。我国储备土地资产价格指标及核算依据如表 3-2 所示。

表 3-2 我国储备土地资产价格指标及核算依据

价格指标	核算内容	核算依据
土地收储成本	土地储备机构在征收、收购、置换过程中给予土地原使用者的安置补偿费用或有偿收回费用。根据收储方式的不同，可以分为征地补偿费、收购成本和置换成本	在土地收储阶段，储备土地价值即为该土地在收购、征收、收回、置换时的价值，可用土地收储成本表征
土地开发与管护成本	在土地前期开发与管护阶段，土地储备机构在建筑物拆除、土地平整、基础设施配套建设、土地管护中的支出，包括拆除平整成本、基础设施建设投资支出、土地储备管理费用等	在土地前期开发阶段，储备土地价值可分为两部分：一部分是该土地在收购、征收、置换时的价值；另一部分是经过部分开发投入后土地增值的部分，可用在此阶段的投入成本表征

价格指标	核算内容	核算依据
储备土地资产价值	土地储备机构根据土地利用总体规划、城市规划及土地供应年度计划，通过划拨、租赁、协议、招标和挂牌等方式供应土地获得的经济收益	针对已储备入库、具备供应条件且规划用途明确的储备土地，其资产价值可以用预期出让收益来衡量

3.3.3　储备土地资产价格指标体系

通过对土地储备过程及核算指标的梳理，整理储备土地资产价值的核算路径，明确不同阶段具体核算的价格指标，如图 3-3 所示。

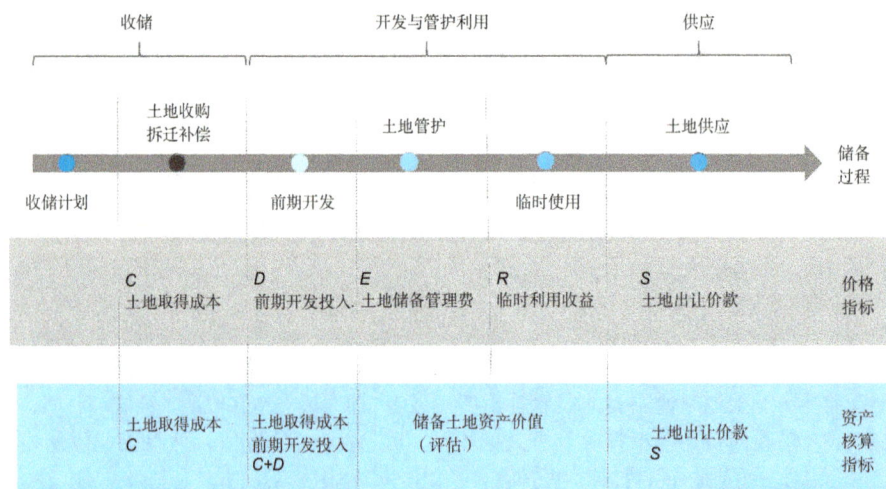

图 3-3　土地储备过程及储备土地资产价格指标体系

针对土地收储与前期开发实施阶段的储备土地，其中已开展相关收储工作但未开始前期开发的土地，其状态与收购、征收、收回、置换时一致，该阶段储备土地价值即为收储时的价值，可用土地取得成本（C）表征。

针对土地前期开发与管护利用环节，具体可分为前期开发实施阶段和已完成前期开发阶段。处于前期开发实施阶段的储备土地资产价值，一部分是该土地在收购、征收、收回、置换时的价值，可用土地取得成本表征；另一部分是经过开发投入后增值的部分，采用已发生的前期开发投入成本代替。因而，该环节中储备土地资产经济价值核算以成本价值（$C+D$）为主。针对已完成前期开发的储备土地，其具有很强的变现能力，是储备土地中的优质资产，其资产价值为储备土地资产价值，需要进行评估确定。

针对已出让的储备土地，由于核算时点与更新时点间存在土地状态发生改变，从而致使储备土地的资产价值形态随之改变的情况，已出让土地的资产价值已经变现为土地出让价格，土地出让价款等同于储备土地资产价值（S），但供应过程不属于土地储备的工作环节，故不纳入储备土地核算的范畴。

第4章 储备土地资产负债表编制技术路径

本章主要从储备土地资产负债表编制基础、编制原则与数据来源基础等方面具体介绍储备土地资产负债表编制的技术方法。

4.1 储备土地资产负债表编制基础

4.1.1 理论基础

政府储备土地资产负债表编制，尽管是一个全新概念，但其编制可以借鉴已有的理论基础，主要有经济学理论、会计学理论和公共管理学理论。

（1）经济学理论

储备土地资产化管理有利于真实地反映储备土地资产的经济价值量，建立健全资产清查和管理数据库的制度，纳入全民所有自然资源资产信息系统，实施全民所有自然资源资产动态监测与监管。

（2）会计学理论

会计的本质是一种台账式管理活动，主要通过货币对经济过程中占用的资产发生的耗费进行系统的计量、记录、分析和检查。核算这一概念来源于会计学，在会计学中包括成本的核算、收入的核算、利润的核算及固定资产的核算。会计学中对资产等基本概念进行了明晰，为储备土地资产核算的对象和范围的界定提供了借鉴。会计等式"资产 = 负债 + 所有者权益"及各类会计统计方法为储备土地资产价值核算的运用提供了基础理论和方法。根据会计学理论编制的企业资产负债表，其对储备土地资产负债表编制有着重要借鉴价值。企业资产负债表反映的是某一时点上，企业拥有的或能够控制的资产、承担的现时义务及企业所有者对剩余资产的拥有权。其基本结构以会计平衡公式"资产 = 负债 + 所有者权益"为理论基础。其中，资产是指企业过去的交易或事项形成的，由企业拥有或控制的，预期会给企业带来经济利益的资源；负债是指企业过去的交易或事项形成的、预期会导致经济利益流出企业的现时义务；所有者权益是指企业资产扣除负债后由所有者享有的剩余权益。国家资产负债表是运用企业资产负债表原理，将经济体内某一时点所有经济部门的资产与负债分类加总列示，得到反映该经济体总量的报表。与企业资产负债表不同的是，国家资产负债仅指金融资产，无实物对应项。另外，由于国家资产负债表中的部分资产和负债的价值量是通过估算得出，因此用"净资产"来对应企业资产负债表中的"所有者权益"，"净资产"通过"资产和负债的差额"得出。

（3）公共管理学理论

由于地方土地储备运行模式多样化，在储备土地范围、储备土地标准、储备土地管理运作机制等方面存在较大的差异，因此在储备土地资产核算工作机制的建立和执行过程中需要考虑执行和管理的难易程度及差异性，运用委托－代理理论等公共管理学理论进行合理的设置任务，以实现最大的效率和效益目标。

4.1.2 核算基础

2018 年，财政部、国土资源部联合印发的《土地储备资金财务管理办法》（财综〔2018〕8 号）第十条规定，"土地储备机构所需的日常经费，应当与土地储备资金实行分账核算，不得相互混用。"《土地储备资金会计核算办法（试行）》（财会〔2008〕10 号）详细地规定了土地储备资金的会计记账方法应当采用"借贷记账法"。

4.1.3 数据来源基础

政府储备土地资产负债表中"资产"的数据来源有一定的基础，如纳入储备范围的土地，包括依法收回的国有土地，收购的土地，行使优先购买权取得的土地，已办理农用地转用、征收批准手续并完成征收的土地，其他依法取得的土地。这些编制过程中所需要的资产数据，自然资源主管部门都有翔实的记录，数据来源具有很好的基础。政府储备土地资产负债表中"负债"的数据来源也有一定的基础，如土地储备专项债券、应付账款等，都可以作为"负债"，同样数据较易获取。另外，因土地存在污染、文物遗存、矿产压覆、洪涝隐患、地质灾害风险等情况使储备地块达到可供状态，将其所需要支付的成本纳入负债。

4.1.4　编制目标

　　储备土地资产负债表编制是一项开创性的、全新的工作，虽然没有现成的经验可供借鉴，但可以参考企业资产负债表、土地资源平衡表编制的一些方法和思路，摸清储备土地资产家底，为土地资源资产管理提供依据。

　　以每年向全国人大常委会专项报告国有自然资源（资产）管理情况为目标，全面梳理"摸清家底"所需的资产、负债等属性信息内容，进一步明确负债表编制的内容、方法，建立统计调查制度及台账，实现数据年度更新。逐步建立储备土地资产负债表编制制度和全民所有储备土地资源资产清查统计制度体系，为自然资源资产负债表的编制提供经验和借鉴，为领导干部绩效考核提供参考。通过编制储备土地资产负债表，探索落实"行使全民自然资源资产所有者职责"的有效路径，进一步发挥土地储备在保证净地供应、调控土地市场、落实国土空间规划、落实国家重大战略、促进节约集约用地、优化营商环境、助推生态文明建设等方面的作用。

4.2　编制原则

4.2.1　技术原则

　　储备土地资产负债表编制目前全国仅有部分试点城市开展，根据编制目标"由易到难，由简到繁"开展编制工作，遵循以下技术原则。

4.2.1.1 先实物、再价值，优先编制储备土地资产实物表

在对储备土地资源及其利用情况进行真实、准确和连续统计的基础上，以账户等形式反映某类储备土地资源的存量、流量和平衡状况。价值核算是在对储备土地资源进行翔实的实物量清查统计和合理估价的基础上，运用账户或比较分析方法，反映在一定时空范围内储备土地资源价值问题及其收支或增减情况。基于实物与价值核算的关系及其资源价值化是难点所在，储备土地资产负债表编制可以先实物、再价值，优先编制储备土地资产实物量表。

4.2.1.2 先存量、再流量，优先编制储备土地资产存量表

存量核算反映的是某个时点储备土地资产的统计状况，而流量核算是对存量核算的不断更新与完善。二者相互联系，可以相互转化。储备土地资产存量核算有助于评估某一时刻的资源问题及其与经济总量间的关系，也有助于对不同地区间的资源存量进行比较。存量核算是国民经济核算的重要组成部分，其核心思想是采用一定的假设和处理方法，对资本流量数据进行调整，并加总得到资本存量数据。流量核算有助于认识一个地区随经济增长而发生的储备土地资源基础变化，也有助于分析物质流与价值流之间的动态关系。基于存量与流量核算的关系及其流量核算的复杂性，储备土地资产负债表编制可以先存量、再流量，优先编制储备土地资产存量表。

4.2.1.3 先分类、再综合，优先编制储备土地资产分类表

储备土地资源分类核算是由于储备土地处于不同阶段而产生

的产权性质、用途等不同引起的。分类核算可以对储备土地资产逐类进行实物量或价值量的增减量和流量核算，综合核算目前仅限于价值量的核算，可加总、可比较。基于分类与综合核算的关系及其综合核算的复杂性和价值化问题，储备土地资产负债表编制可以先分类、再综合，优先编制储备土地资产分类实物和价值量表，为编制储备土地资产综合价值量表奠定基础。

4.2.2 会计原则

企业资产负债表利用会计平衡原则，将合乎会计原则的"资产、负债、所有者权益"交易科目分为"资产""负债及所有者权益"两大区块，在经过分录、转账、分类账、试算、调整等会计程序后，以特定日期的静态企业情况为基准，浓缩成一张报表。储备土地资产负债表可以借助企业资产负债表，将储备土地资源划分为固定资产（储备土地实物）、社会和生态效益资产等项目进行实物量与价值量核算。另外，储备土地资产负债表不能照搬企业资产负债表，储备土地资产负债表以统计为基础，而非以财务会计为基础。但可以借鉴管理会计的思路和原则，将所需的资产、负债数据，从不同的会计主体、不同的会计账簿提取出来，成为储备土地资产负债表的基础数据。如资产数据的来源可以是政府土地储备机构账上的数据，负债的来源可以是财政部门发行的土地储备专项债，也可以是土地收储工作中形成的一些支出，如应付账款等。

4.2.3　储备土地资产核算原则

①当储备土地的规划用途、规划容积率等规划条件明确时，采用基准地价系数修正法核算资产价值。按照前期开发是否完成分为两种情况分别进行核算：一是前期开发已完成或无须进行前期开发，且具备宗地地价评估客观条件的，按照规划条件采用基准地价系数修正法核算预期土地出让收入或划拨地价款，作为其资产价值；二是前期开发尚未完成或未开始，先按照规划条件采用基准地价系数修正法核算预期土地出让收入或划拨地价款，再采用预计储备开发成本扣减已经发生的储备开发成本，得到预计继续投入成本，最后用预期土地出让收入或划拨地价款减去预计继续投入成本，作为其资产价值。

②当储备土地的规划用途、规划容积率等规划条件不明或者尚未有规划条件时，按照已经发生的收储成本、前期开发成本、资金成本和其他成本支出核算资产价值。

4.3　技术路径

4.3.1　管理会计的运用

在现有的理论基础条件下，采用现有的会计核算规定，在探索编制的基础上逐步进行完善，最后形成政府储备土地资产负债表编制的会计核算体系。从前述分析的情况看，政府储备土地资产负债表的资产和负债数据来源于不同的会计主体，因此编制政府储备土地资产负债表可以借鉴管理会计的思路和方法。管理会计是通过财务数据反映经营状况，管理会计与会计主体不相关，它是以业务单元为主体，把与业务活动相关的数据反映到一张表上。也就是说，通过管理会计的思路和方法，可以将所需要的储备土地资产、负债数据，从不同的会计主体、不同的会计账簿中提取过来，组成政府储备土地资产负债表。如储备土地资产数据可以来源于政府土地储备机构编制的储备土地资金专用账，负债数据可以来源于财政部门发行的土地储备专项债，也可以是其他机构或者单位在土地收储工作中形成的相关支出。运用管理会计的思路和方法作为编制政府储备土地资产负债表的理论基础和实现路径的技术支撑，解决了在资产负债表编制过程中关于土地储备专项债是否应当纳入负债核算的问题，以及编制的会计主体问题。

4.3.2　核算对象

核算对象通常与会计确认一同出现。会计确认是指经济交易或会计事项发生后，会计上需要对其进行判断和识别，以确定是否应将其作为会计核算对象，进入会计核算系统，以及如何进入会计核算系统（作为什么会计要素进入，应计入哪个会计账户或报表项目）的过程。

企业资产负债表的核算对象是企业所有的经济活动或事项，既包括企业内部的生产活动和资金流动，也包括使利益流入企业的或流出企业的活动。例如，企业生产的产品未销售前被确认为资产（流动资产）中的存货科目，待产品完成销售后，销售收入存入企业银行账户，应确认为流动资产中的货币资金科目。与企业资产负债表相比，储备土地资产负债表具有一定的特殊性，其核算范围仅是储备土地，核算对象是从储备土地取得、开发整理、管护利用，一直到供应这一过程中发生的经济活动或事项，但不包括供应后的经济活动或事项。

具体来讲，储备土地资产负债表核算对象包括土地储备过程中发生的费用支出（如土地取得成本、土地开发成本、相关的财务成本等）、固定资产（指储备土地实物资产）增减变化等。但与企业资产负债表会计确认不同的是，储备土地的出让收入并不被确认为储备土地资产负债表中资产类下的货币资金科目，这是储备土地资产负债表与一般的企业资产负债表最大的不同。究其原因，储备土地资产负债表关注的是"储备土地"这一实体，一旦储备土地被供应（指出让、行政划拨等方式），便从"储备土地"这一实体中剥离，不再属于"储备土地"范畴。而"储备土地"这一实体与企业性质完全不同，储备土地供应后的收益无法像企业产品的销售收入一样保留在企业内部，成为其流动资产。

4.3.3　储备土地资产和负债会计确认

政府储备土地资产负债表编制最核心的要素是资产和负债，资产和负债的确认直接影响到资产负债表的计算结果。储备土地相关规定要求做到"净地"收储，但是仍存在会计要素确认的问题。如签订了收储合同尚未支付补偿金，是否应当纳入政府储备土地资产负债表的统计范围。另外，因土地存在污染、文物遗存、矿产压覆、洪涝隐患、地质灾害风险等情况使储备地块达到可供状态所需要支付的成本纳入负债，具体应在多大程度上纳入统计范围。在报表编制时，这些都涉及会计处理过程中的或有事项处理（预计负债和或有负债）。根据《企业会计准则第 13 号——或有事项》，或有事项是指"过去的交易或者事项形成的，其结果须由某些未来事项的发生或不发生才能决定的不确定事项"。根据该准则第四条规定，"或有事项相关的义务同时满足下列条件的，应当确认为预计负债。一是该义务是企业承担的现时义务；二是履行该义务很可能导致经济利益流出企业；三是该义务的金额能够可靠计量"。也就是说，如果某一事项"很可能"导致经济利益流出，那就应当确认为预计负债，应当在资产负债表里反映；如果仅仅是"可能"，就不应当在资产负债表里反映，只需要做表外披露。如何定义"可能""很可能"？根据会计准则的规定，履行或有事项相关义务导致经济利益流出的可能性，通常按照一定的概率区间加以判断。一般情况下，发生的概率分为以下几个层次：基本确定、很可能、可能、极小可能。"基本确定"是指发生的可能性大于 95% 但小于 100%；"很可能"是指发生的可能性大于 50% 但小于或等于 95%；"可能"是指发生的可能性大于 5% 但小于或等于 50%；"极小可能"是指发生的可能性大于 0 但小于或等于 5%。如补偿合同已经签订了，那这笔支出的可能性应当是大于 95%，除非合同主体灭失，否则肯定需要支付补偿款。这种情况就是"基本确定"，应当计入预计负债，在资产负债表里反映。在土地储备地块中，如地块存在地质灾害风险，但是风险不大，形成支出的可能性小于或等于 50%，这种情况就是"可能"，不需要计入预计负债，应当计入或有负债，在表外披露便可。另外，很可能发生的事项无法用金额计量的，也应计入或有负债，进行表外披露[①]。

4.4 储备土地资产负债表要素

政府储备土地资产负债表包括资产、负债和所有者权益 3 个基本要素，资产的确认是资产负债表要素确认的核心问题。储备土地资产负债表遵守"资产－负债＝所有者权益"这一恒等式。

4.4.1 资产

资产是指企业过去的交易或事项形成的、由企业拥有或控制的、预期会给企业带来经济利益的资源。储备土地资产必须首先符合资产的定义，因此具有以下特征。

①资产由过去交易或事项所形成。过去的交易或事项包括储备土地的购买（征收、收回、收购、优先购买或其他）、开发整理、关乎利用（如用作临时公共停车场、临时公共绿地）等。预期在未来发生的交易或事项不能形成土地资产，如与土地使用权人约定的土地收回、收购、优先购买、征收等计划，但尚未经县级以上（含县级）人民政府批准的，不能作为资产来确认。

②资产预期很可能（大于 50%）为企业带来未来经济利益的流入，这是资产的本质要求。经济利益的流入是指资产直接或间接地导致未来现金或现金等价物流入企业。虽然储备土地资产在供应后的收益并不会被确认为负债表中的流动资产，但这部分收益却实实在在地流入到了储备土地资产所有者即政府手中，因而

---

① 陈方毅，王晨明，傅小徐. 土地储备资产负债表编制探析[J]. 中国农业会计，2021（4）：72–74.

储备土地资产是满足这一要求的。

③资产为企业拥有或控制，是指企业享有某项资源的所有权，或虽然不享有某项资源的所有权，但该资源能被企业所控制，企业能够通过控制来获取资产所包含的经济利益。具体到储备土地资产，已经被列入储备计划、经县级以上（含县级）人民政府批准的，且没有取得完整产权的土地（也就是《土地储备管理办法》中的拟收储土地），从法律意义上讲，其使用权并不归国家所有，但这部分土地实际上已经被国家所控制，国家未来也能够从这部分土地中获取经济利益，因此，会计核算中的经济实质重于法律形式原则。但本书在储备土地资产负债表编制中，不将拟收储土地列入储备土地资产的范围。

④资产表现为各种经济资源，这些资源能够满足企业出售、使用、出租等生产经营目的。这些资源可以是有形的，也可以是无形的。

储备土地资产是指通过依法征收、收回、收购、优先购买和其他依法方式等取得的土地及所有未明确使用权人的历史存量土地等全民所有土地资产。储备土地资产首先是土地资源资产，其次是自然资源资产。作为一种特殊的自然资源资产，储备土地资产具有经济价值、社会价值和生态价值。储备土地资产的经济价值是有形的，可以通过市场交易实现和计量，而它的生态价值和社会价值是无形的，很难通过市场交易来实现，属于自然资源—环境的经济外部性。储备土地资产的经济价值是指储备土地资产未来通过市场交易预期带来的经济收入，一般以货币形式来表现。本书中储备土地资产价值仅指经济价值。

4.4.2　负债

负债是指企业过去的交易或事项形成的、预期会导致经济利益流出企业的现时义务。从负债的定义来看，负债具有以下特征。

①负债是企业的一项现时义务（在现行条件下已承担的义务），而不是可能的或潜在的义务（如未来承诺等）。义务是以某种方式采取行动或落实职责或责任，这种义务通常表现为"到期还本、按月付息"。对于储备土地资产负债表来说，其负债必须是已经发生的并承担的现时义务。例如，2016 年"财综〔2016〕4 号"文发布之前，为土地储备而发行的且尚未偿还的存量银行贷款，其本金和利息均应确认为土地储备负债。

②负债的履行需要企业通过放弃资产（包括现金资产和非现金资产）或提供劳务或其他方式（如以一项负债取代另一项负债或债转股等）来偿还。例如，土地储备造成了生态环境破坏，事后需要进行生态补偿，这笔资金由土地的使用权人（国家）来支付，导致了经济利益从土地使用权人手中流出，那么由此造成的生态环境损害，应确认为负债。

③负债是过去交易或事项的结果，这是负债能以货币计量或合理估计的重要前提。未发生的交易或事项形成的义务，不属于现时义务，不应确认为负债。例如，与某一土地的使用权人约定行使优先购买权，交易金额为 1000 万元。因该笔交易尚未发生，因此这笔未来的交易费用不能确认为负债。再如，某一储备地块预计下一年度开发费用为 1 亿元，这笔费用还未发生，不能确认为负债。但若通过发行土地储备专项债券来筹集 1 亿元用于下一

年度的土地开发，那么这笔资金就应该确认为负债。

④从负债的定义和特征来看，储备土地负债既可以是由借贷产生的有形的货币资金，也可以是储备土地本身所造成的无形的土地资源损耗（如耕地被占用）或生态环境损害。因此，我们将土地储备负债概括为：为实行土地储备工作已经发生的借贷或者应付账款及土地储备过程所造成的土地资源损耗、环境损害成本。因此，土地储备负债包含了3层含义：经济利益方面的负债、社会效益方面的负债和生态效益方面的负债。

经济利益方面的负债主要指土地储备所涉及的借贷，包括土地储备专项债券和政府债券。需要注意的是，经济利益方面的负债应为表内负债，也就是以储备土地为抵押物而直接形成的负债，而不包括由做地主体垫付的开发资金。这些垫付资金最终要由储备土地兜底，本质上是储备土地资产的隐性负债，不在储备土地资产负债表中披露，可以在附注中予以披露说明。

界定社会效益方面的负债是一个难点。从企业管理角度来说，持续的、较强的社会联系可能会抑制行为主体的行为，产生社会负债，阻碍行为主体的活动及其目标的实现[1]。例如，与某些顾客长期的联系会阻碍企业有选择地与其他客户建立联系。这种社会负债实质上是一种机会成本，例如，土地储备占用农用地尤其是耕地，对粮食生产造成了不利影响；某一储备地块规划为商住用地，失去了变成公共绿地的可能性，由此所产生的社会影响。从政府角度来看，土地储备引发的一系列矛盾（如征迁补偿

---

① 周小虎.企业社会资本与战略管理：基于网络结构观点的研究[M].北京：人民出版社，2006.

争议、各方经济利益的协调成本等）或不利关系[①]都能导致社会负债，影响政府政策的贯彻落实。

生态效益方面的负债是指土地储备造成的生态系统服务功能损害或消失。如土地储备占用了绿地，导致绿地生态系统原有的空气净化、改善小气候、释放氧气的功能消失。

本书储备土地资产负债表中的负债仅指经济价值方面的负债。

4.4.3　所有者权益

所有者权益是指企业资产扣除负债后由所有者享有的剩余权益。对于储备土地资产负债表来说，因为土地出让收入不计入资产这一特殊性，因此储备土地的所有者权益可以简单地理解为某一时点储备土地的经济价值减去经济方面的负债。

4.4.4　要素之间的关系

在资产负债表中，资产、负债、所有者权益这三大基本要素往往容易产生概念和内涵上的混淆。我们可以从以下几个方面来厘清三者之间的关系。

资产通常表现为资金的占用，是资金运动的一种沉淀，那么资产占用的资金从哪里来？企业的融资方式很多，但归根结底只有两个最基本的来源：债权人和投资者。以储备土地资产为例，储备土地资产的所有者为国家，为方便理解，我们将国家看作土地储备业务的投资人。一方面，国家投入了固定资产资本（土地资源实物）并通过财政拨款、从土地储备资金收益中拿出一部分

---

① 付泳.企业社会资本的若干思考[J].经济研究导刊，2009（11）：36-38.

资金或者其他资金投入到土地储备业务中；另一方面，国家也可以通过发行债券的方式，向社会融资借贷（土地储备专项债券）。因此，储备土地资产由两部分组成：一是国家以投资人的身份投入的实物资本和现金资本；二是国家向社会借贷来的资金。前者在资产负债表中表现为所有者权益的一部分，后者在资产负债表中表现为负债。需要注意的是，储备土地资产负债表中国家所投入的资金沉淀在储备土地资产中，并留存于所有者权益中，因此不能将国家投入的资金确认为负债。

从所有者权益构成来看，我国的所有者权益分为实收资本、资本公积、盈余公积和未分配利润4个部分。以储备土地资产负债表为例，实收资本是指由储备土地所有者（投资人）实际投入的资本，包括土地资源实物、自有资金（财政拨款、土地出让收入中的资金和其他自有资金）。资本公积是指由储备土地资本溢价、资产增值等原因产生，由所有投资者公共享有的权益。储备土地资产所有者权益中的资本公积主要是储备土地资产增值形成的。盈余公积是指企业从税后利润中提取形成的留存于企业内部，具有特定用途的收益积累。未分配利润是指企业留于以后年度分配的利润或待分配利润。对于土地储备所有者权益来说，因为土地出让收入不计入资产，所以所有者权益中不反映盈余公积和未分配利润。

第5章 储备土地资产负债表编制示例

本章主要介绍政府储备土地资产负债表编制主体及理论基础、编制范围、编制方法、填报要求与报表组成等内容。

5.1 编制主体及理论基础

5.1.1 编制主体

政府储备土地资产负债表以县级（含）以上人民政府为编制主体，具体编制工作由各级自然资源主管部门负责组织实施。

5.1.2 理论基础

政府储备土地资产负债表主要以管理会计的原则和方法作为编制的理论基础。管理会计通过财务数据反映经营状况，通过对财务等信息的深加工和再利用，实现对经济过程的预测、决策、规划、控制、责任考核评价等。管理会计不受"公认的会计原则"的约束，可灵活运用现代管理科学理论作为指导。管理会计与会计主体不完全相关，其以业务单元为主体，将与业务活动相关的数据反映在一张表中。据此，不同会计主体记载于不同会计账簿上的与储备土地资产、负债、所有者权益相关的数据均可通过资产负债表反映。

5.2　编制范围

政府储备土地是指尚未设立使用权或使用权已消灭、以国家所有权形态存在的国有建设用地，由有关人民政府依法代理履行所有者职责，享有占有、使用、收益和处分的权利。

政府储备土地资产负债表的编制范围包括政府依法收回且原使用权人已注销的国有建设用地；政府通过收购、优先购买等方式取得的国有建设用地；其他无明确使用权人、无权属争议的存量国有建设用地；城镇建设用地范围内，政府依法征收后，需要进行前期开发方可供应的国有建设用地。对于按项目报批征转用地的建设用地，视为已确定使用权人，可不纳入储备管理。上述纳入政府储备土地资产负债表的储备土地必须是由政府取得完整产权的建设用地。

各级自然资源主管部门应将政府土地储备机构已收储的土地及各类开发区（园区）管委会、国有平台公司、基层政府或有关部门管理的政府储备土地纳入编制范围。

5.3　编制方法

5.3.1　编制期间

政府储备土地资产负债表按年度编制，编制基准日为每年 12

月 31 日。

5.3.2　记账基础

政府储备土地资产负债表（土储01表）主要以权责发生制为记账基础，政府储备土地资金收支表（土储02表）主要以收付实现制为记账基础。

5.3.3　资产价值核算原则

当储备土地的规划用途、规划容积率等规划条件明确时，采用基准地价系数修正法核算资产价值；当储备土地的规划用途、规划容积率等规划条件不明确或者尚未有规划条件时，按照已经发生的收储成本、前期开发成本、资金成本和其他成本支出核算资产价值。

5.4　填报要求

政府储备土地资产负债表由各级自然资源主管部门统筹报表的编制，确保数据真实、完整、准确。省级自然资源主管部门每年 3 月底前将本省（自治区、直辖市）政府储备土地资产负债表报表编制成果报送自然资源部。

5.5　报表组成

政府储备土地资产负债表报表由封面、政府储备土地资产负债表（土储01表）、政府储备土地资金收支表（土储02表）、政府储备土地资产变动表（土储03表）、政府储备土地负债变动表（土储 04 表）组成。

5.5.1　政府储备土地资产负债表（土储 01 表）

该表反映年度政府储备土地资产、负债及所有者权益状况。主体分为两部分，即资产和负债及所有者权益。

5.5.1.1　资产

根据政府储备土地资产负债表的编制时点下储备土地资产的实施状态，资产分为待施储备土地、在施储备土地与待供储备土地 3 类。待施储备土地指在库储备土地中，已纳入前期开发计划的储备土地。在施储备土地指在库储备土地中，处于前期开发阶段的土地。待供储备土地指在库储备土地中，已完成前期开发，随时可供应的土地及无须进行前期开发即可供应的土地。其中，在施储备土地与待供储备土地再根据规划用途是否明确分为规划用途明确储备土地与规划用途未明确储备土地，规划用途明确储备土地细分为商服用地、工矿仓储用地、住宅用地、公共管理与公共服务用地、特殊用地、交通运输用地、水域及水利设施用地、其他用地 8 类。表内每行次分别填列年初数面积、价值，年末数面积、价值，年初数应根据上年年末数填列。

5.5.1.2　负债及所有者权益

负债及所有者权益包括负债合计、所有者权益及两者之和，其中负债可分为土地储备专项债券、存量贷款、应付账款与其他负债。土地储备专项债券指地方政府为土地储备发行，以项目对应并纳入政府性基金预算管理的国有土地使用权出让收入或国有土地收益基金收入偿还的地方政府专项债券。其中已供应土地对应可偿还债券包括两种情况：一是发行该债券对应的土地储备项目内的地块已全部完成供应，但债券本金尚未结清的债券。例如：A 债券募集资金 3 亿元，其对应的土地储备项目中的地块全部完成供应，但债券尚未到期，本金尚未结清，则该指标填列 A 债券对应的债券资金 3 亿元。二是发行该债券对应的土地储备项目内的部分地块已经供应，其供应收入可足额偿还或部分偿还债券资金，但债券本金尚未结清的债券。例如：B 债券募集资金 3 亿元，其对应的土地储备项目包含 3 个地块甲、乙、丙，其中甲地块供应收入 5 亿元，已可足额偿还债券本金，则该指标填列 B 债券对应的债券资金 3 亿元；C 债券募集资金 3 亿元，其对应的土地储备项目中包含 2 个地块丁、戊，其中丁地块供应收入 1.3 亿元，可偿还 1.3 亿元的债券本金，则该指标填列 C 债券对应的可偿还部分债券资金 1.3 亿元。存量贷款指在《财政部 国土资源部 中国人民银行 银监会关于规范土地储备和资金管理等相关问题的通知》（财综〔2016〕4 号）印发前发生的，截至填表日尚未偿还的土地储备贷款。应付账款指土地储备业务活动中产生的应付未付款项，包括应付补偿款、应付工程款、应付利息等。应付补偿款指土地取得阶段已与原使用权人签订补偿合同但尚未支付的补偿款。应付工程款指储备土地前期开发阶段已与工程承包方签订前期开发合同但尚未支付的工程款。应付利息指根据土地储备专项债券票面利率、存量贷款合同利率等计算确定的剩余期内应付利息。其他负债指除政府债券、应付账款、存量贷款等以外的，土地储备业务活动中产生的其他债务，如预期应偿还的社会资本投入用于土地储备开发的成本及合理回报；此项有填列数据的，应在填报说明中详细说明具体内容。负债合计反映编制储备土地资产负债表时点的各项负债总和，应为扣除已供应土地对应可偿还贷款后的土地储备专项债券与存量贷款、应付账款、其他负债之和。

所有者权益指政府储备土地资产扣除负债后的差额，反映政府作为储备土地所有者享有的剩余权益。负债及所有者权益合计表内每行次分别填列年初数与年末数，年初数应根据上年年末数填列。

5.5.1.3　审核公式

政府储备土地资产负债表（土储 01 表）的表样如表 5-1 所示。

表 5-1 中各项数据指标之间的关系如下。资产合计 = 待施储备土地 + 在施储备土地 + 待供储备土地。在施储备土地 = 规划用途明确储备土地 + 规划用途未明确储备土地；其中，规划用途明确储备土地 = 商服用地 + 工矿仓储用地 + 住宅用地 + 公共管理与公共服务用地 + 特殊用地 + 交通运输用地 + 水域及水利设施用地 + 其他用地。待供储备土地 = 规划用途明确储备土地 + 规划用途未明确储备土地；其中，规划用途明确储备土地 = 商服用地 + 工矿仓储用地 + 住宅用地 + 公共管理与公共服务用地 + 特殊用地 + 交通运输用地 + 水域及水利设施用地 + 其他用地。应付账款 = 应付补偿款 + 应付工程款 + 应付利息。负债合计 = 土地储备专项债券 - 已供应土地对应可偿还债券 + 存量贷款 + 应付账款 + 其他负债。负债及所有者权益合计 = 负债合计 + 所有者权益。

表 5-1　政府储备土地资产负债表（20××年）

土储 01 表

编制单位：　　　　　　　　　　　　　　　　　　　　单位：公顷、万元

资产	行次	年初数		年末数		负债及所有者权益	行次	年初数	年末数
		面积	价值	面积	价值				
栏次		1	2	3	4	栏次		5	6
一、待施储备土地	1					一、土地储备专项债券	25		
二、在施储备土地	2					减：已供应土地对应可偿还债券	26		
规划用途明确储备土地	3					二、存量贷款	27		
商服用地	4					三、应付账款	28		
工矿仓储用地	5					应付补偿款	29		
住宅用地	6					应付工程款	30		
公共管理与公共服务用地	7					应付利息	31		
特殊用地	8					四、其他负债	32		
交通运输用地	9					负债合计	33		
水域及水利设施用地	10								
其他用地	11								
规划用途未明确储备土地	12								
三、待供储备土地	13								
规划用途明确储备土地	14								
商服用地	15								
工矿仓储用地	16								

续表

资产	行次	年初数		年末数		负债及所有者权益	行次	年初数	年末数
		面积	价值	面积	价值				
栏次		1	2	3	4	栏次		5	6
住宅用地	17								
公共管理与公共服务用地	18								
特殊用地	19								
交通运输用地	20								
水域及水利设施用地	21								
其他用地	22								
规划用途未明确储备土地	23					所有者权益	34		
资产合计	24					负债及所有者权益合计	35		

5.5.2　政府储备土地资金收支表（土储 02 表）

该表反映年度政府储备土地全部资金收入和支出情况。按收支组成可分为上年结转资金、收入、支出、结转和结余。

5.5.2.1　上年结转资金

上年结转资金指财政部门上年度安排的，结转本年继续用于土地储备的资金。

5.5.2.2　收入

收入包括国有土地出让收入安排资金、国有土地收益基金安排资金、土地储备专项债券资金和其他资金 4 类。其中国有土地出让收入安排资金指本年度财政部门从已供应储备土地产生的土地出让收入中安排的征地和拆迁补偿费用、土地开发费用等储备土地过程中发生的相关费用；国有土地收益基金安排资金指本年度财政部门从国有土地收益基金中安排用于土地储备的资金；土地储备专项债券资金指本年度发行土地储备专项债券筹集的土地储备资金；其他资金指本年度财政部门安排用于土地储备的其他资金，或者社会资本投入用于土地储备开发的资金，此项有填列数据的，应在填报说明中详细说明具体内容。

5.5.2.3 支出

支出包括土地取得支出、前期开发支出、还本付息支出与其他支出 4 类。其中土地取得支出指本年度征收、收购、优先购买或收回土地支付的土地价款或征地和拆迁补偿费用，包括土地补偿费和安置补助费、地上附着物和青苗补偿费、拆迁补偿费，以及依法支付的与征收、收购、优先购买或收回土地有关的其他费用；前期开发支出指本年度储备土地前期开发阶段发生的费用，包括与储备土地相关的道路、供水、供电、供气、排水、通信、照明、绿化、土地平整等基础设施建设支出；还本付息支出指本年度偿还的土地储备、开发等产生的借贷款还本付息支出；其他支出指本年度经同级财政部门批准的与土地储备有关的其他费用，包括土地储备工作中发生的地籍调查、土地登记、地价评估及管护中围栏、围墙等建设等的各项支出。

5.5.2.4 结转和结余

结转和结余指本年度财政部门安排用于土地储备的结转结余

数，分为结余资金和结转资金。其中结余资金指本年度财政部门安排用于土地储备，因故未使用完，年末收回财政的资金；结转资金指本年度财政部门安排的，年末结转下年继续用于土地储备的资金。

5.5.2.5　审核公式

收入 = 国有土地出让收入安排资金 + 国有土地收益基金安排资金 + 土地储备专项债券资金 + 其他资金；支出 = 土地取得支出 + 前期开发支出 + 还本付息支出 + 其他支出；结转和结余 = 结余资金 + 结转资金。

政府储备土地资金收支表具体表样如表 5-2 所示。

表 5-2　政府储备土地资金收支表（20××年）

土储 02 表

编制单位：

单位：万元

项目	行次	年初数	本年数	年末数
栏次		1	2	3
上年结转资金	1	—	—	
收入	2	—	—	—
国有土地出让收入安排资金	3	—	—	—
国有土地收益基金安排资金	4	—	—	—
土地储备专项债券资金	5	—	—	—
其他资金	6	—	—	—
支出	7	—	—	—
土地取得支出	8	—	—	—
前期开发支出	9	—	—	—
还本付息支出	10	—	—	—
其他支出	11	—	—	—

续表

项目	行次	年初数	本年数	年末数
结转和结余	12	—	—	
其中：结余资金	13	—	—	
结转资金	14	—	—	

注：本地区当年政府储备土地供应总收入 _____ 万元，净收益 _____ 万元。

5.5.3 政府储备土地资产变动表（土储03表）

该表反映年度政府储备土地面积和价值的增减变动情况，表内各行填写对应类型的政府储备土地资产面积和价值，面积和价值分别填写年初数、本年增加、本年减少与年末数4项指标。

根据政府储备土地资产负债表的编制时点下储备土地资产的实施状态分为待施储备土地、在施储备土地与待供储备土地3类资产。这3类储备土地的划分参见5.5.1节相应内容的具体表述。

审核公式按5.5.1.3节相应内容的具体表述执行。其中，年末数 = 年初数 + 本年增加 – 本年减少。

政府储备土地资产变动表的具体表样如表5–3所示。

表5–3　政府储备土地资产变动表（20××年）

土储03表

编制单位：
单位：公顷、万元

项目	行次	面积				价值			
		年初数	本年增加	本年减少	年末数	年初数	本年增加	本年减少	年末数
栏次		1	2	3	4	5	6	7	8
一、待施储备土地	1								
二、在施储备土地	2								

续表

项目	行次	面积				价值			
		年初数	本年增加	本年减少	年末数	年初数	本年增加	本年减少	年末数
规划用途明确储备土地	3								
商服用地	4								
工矿仓储用地	5								
住宅用地	6								
公共管理与公共服务用地	7								
特殊用地	8								
交通运输用地	9								
水域及水利设施用地	10								
其他用地	11								
规划用途未明确储备土地	12								
三、待供储备土地	13								
规划用途明确储备土地	14								
商服用地	15								
工矿仓储用地	16								
住宅用地	17								
公共管理与公共服务用地	18								
特殊用地	19								
交通运输用地	20								
水域及水利设施用地	21								
其他用地	22								
规划用途未明确储备土地	23								

5.5.4　政府储备土地负债变动表（土储 04 表）

该表反映年度政府储备土地负债增减变动情况。通过各项政府储备土地负债的年初数、本年增加、本年减少与年末数 4 项指标体现负债的变化。按负债类型可分为土地储备专项债券、存量贷款、应付账款与其他负债。相关内容参见 5.5.1 节相应内容的具体表述。

政府储备土地负债变动表的具体表样如表 5-4 所示。基本平衡公式为：第 4 行 = 第 5 行 + 第 6 行 + 第 7 行；第 9 行 = 第 1 行 – 第 2 行 + 第 3 行 + 第 4 行 + 第 8 行。

表 5-4　政府储备土地负债变动表（20××年）

土储 04 表

编制单位：　　　　　　　　　　　　　　　　　　　　　　单位：万元

项目	行次	年初数	本年增加	本年减少	年末数
栏次		1	2	3	4
一、土地储备专项债券	1				
减：已供应土地对应可偿还债券	2				
二、存量贷款	3		—		
三、应付账款	4				
应付补偿款	5				
应付工程款	6				
应付利息	7				
四、其他负债	8				
负债合计	9				

5.5.5　各表间审核公式

在审核表 5-1、表 5-2、表 5-3 与表 5-4，即土储 01 表、土储 02 表、土储 03 表与土储 04 表之间的关系时，按以下公式执行。

其中，01 表指土储 01 表，02 表指土储 02 表，03 表指土储 03 表，04 表指土储 04 表。

　　01 表 1 行 1 列 =03 表 1 行 1 列；01 表 1 行 2 列 =03 表 1 行 5 列；
01 表 1 行 3 列 =03 表 1 行 4 列；01 表 1 行 4 列 =03 表 1 行 8 列；
01 表 2 行 1 列 =03 表 2 行 1 列；01 表 2 行 2 列 =03 表 2 行 5 列；
01 表 2 行 3 列 =03 表 2 行 4 列；01 表 2 行 4 列 =03 表 2 行 8 列；
01 表 3 行 1 列 =03 表 3 行 1 列；01 表 3 行 2 列 =03 表 3 行 5 列；
01 表 3 行 3 列 =03 表 3 行 4 列；01 表 3 行 4 列 =03 表 3 行 8 列；
01 表 4 行 1 列 =03 表 4 行 1 列；01 表 4 行 2 列 =03 表 1 行 5 列；
01 表 4 行 3 列 =03 表 4 行 4 列；01 表 4 行 4 列 =03 表 4 行 8 列；
01 表 5 行 1 列 =03 表 5 行 1 列；01 表 5 行 2 列 =03 表 5 行 5 列；
01 表 5 行 3 列 =03 表 5 行 4 列；01 表 5 行 4 列 =03 表 5 行 8 列；
01 表 6 行 1 列 =03 表 6 行 1 列；01 表 6 行 2 列 =03 表 6 行 5 列；
01 表 6 行 3 列 =03 表 6 行 4 列；01 表 6 行 4 列 =03 表 6 行 8 列；
01 表 7 行 1 列 =03 表 7 行 1 列；01 表 7 行 2 列 =03 表 7 行 5 列；
01 表 7 行 3 列 =03 表 7 行 4 列；01 表 7 行 4 列 =03 表 7 行 8 列；
01 表 8 行 1 列 =03 表 8 行 1 列；01 表 8 行 2 列 =03 表 8 行 5 列；
01 表 8 行 3 列 =03 表 8 行 4 列；01 表 8 行 4 列 =03 表 8 行 8 列；
01 表 9 行 1 列 =03 表 9 行 1 列；01 表 9 行 2 列 =03 表 9 行 5 列；
01 表 9 行 3 列 =03 表 9 行 4 列；01 表 9 行 4 列 =03 表 9 行 8 列；
01 表 10 行 1 列 =03 表 10 行 1 列；01 表 10 行 2 列 =03 表 10 行 5 列；
01 表 10 行 3 列 =03 表 10 行 4 列；01 表 10 行 4 列 =03 表 10 行 8 列；
01 表 11 行 1 列 =03 表 11 行 1 列；01 表 11 行 2 列 =03 表 11 行 5 列；
01 表 11 行 3 列 =03 表 11 行 4 列；01 表 11 行 4 列 =03 表 11 行 8 列；

01 表 12 行 1 列 =03 表 12 行 1 列；01 表 12 行 2 列 =03 表 12 行 5 列；

01 表 12 行 3 列 =03 表 12 行 4 列；01 表 12 行 4 列 =03 表 12 行 8 列；

01 表 13 行 1 列 =03 表 13 行 1 列；01 表 13 行 2 列 =03 表 13 行 5 列；

01 表 13 行 3 列 =03 表 13 行 4 列；01 表 13 行 4 列 =03 表 13 行 8 列；

01 表 14 行 1 列 =03 表 14 行 1 列；01 表 14 行 2 列 =03 表 14 行 5 列；

01 表 14 行 3 列 =03 表 14 行 4 列；01 表 14 行 4 列 =03 表 14 行 8 列；

01 表 15 行 1 列 =03 表 15 行 1 列；01 表 15 行 2 列 =03 表 15 行 5 列；

01 表 15 行 3 列 =03 表 15 行 4 列；01 表 15 行 4 列 =03 表 15 行 8 列；

01 表 16 行 1 列 =03 表 16 行 1 列；01 表 16 行 2 列 =03 表 16 行 5 列；

01 表 16 行 3 列 =03 表 16 行 4 列；01 表 16 行 4 列 =03 表 16 行 8 列；

01 表 17 行 1 列 =03 表 17 行 1 列；01 表 17 行 2 列 =03 表 17 行 5 列；

01 表 17 行 3 列 =03 表 17 行 4 列；01 表 17 行 4 列 =03 表 17 行 8 列；

01 表 18 行 1 列 =03 表 18 行 1 列；01 表 18 行 2 列 =03 表 18 行 5 列；

01 表 18 行 3 列 =03 表 18 行 4 列；01 表 18 行 4 列 =03 表 18 行 8 列；

01 表 19 行 1 列 =03 表 19 行 1 列；01 表 19 行 2 列 =03 表 19 行 5 列；

01 表 19 行 3 列 =03 表 19 行 4 列；01 表 19 行 4 列 =03 表 19 行 8 列；

01 表 20 行 1 列 =03 表 20 行 1 列；01 表 20 行 2 列 =03 表 20 行 5 列；

01 表 20 行 3 列 =03 表 20 行 4 列；01 表 20 行 4 列 =03 表 20 行 8 列；

01 表 21 行 1 列 =03 表 21 行 1 列；01 表 21 行 2 列 =03 表 21 行 5 列；

01 表 21 行 3 列 =03 表 21 行 4 列；01 表 21 行 4 列 =03 表 21 行 8 列；

01 表 22 行 1 列 =03 表 22 行 1 列；01 表 22 行 2 列 =03 表 22 行 5 列；

01 表 22 行 3 列 =03 表 22 行 4 列；01 表 22 行 4 列 =03 表 22 行 8 列；

01 表 23 行 1 列 =03 表 23 行 1 列；01 表 23 行 2 列 =03 表 23 行 5 列；

01 表 23 行 3 列 =03 表 23 行 4 列；01 表 23 行 4 列 =03 表 23 行 8 列；

01 表 25 行 5 列 =04 表 1 行 1 列；01 表 25 行 6 列 =04 表 1 行 4 列；

01 表 26 行 5 列 =04 表 2 行 1 列；01 表 26 行 6 列 =04 表 2 行 4 列；

01 表 27 行 5 列 =04 表 3 行 1 列；01 表 27 行 6 列 =04 表 3 行 4 列；

01 表 28 行 5 列 =04 表 4 行 1 列；01 表 28 行 6 列 =04 表 4 行 4 列；

01 表 29 行 5 列 =04 表 5 行 1 列；01 表 29 行 6 列 =04 表 5 行 4 列；

01 表 30 行 5 列 =04 表 6 行 1 列；01 表 30 行 6 列 =04 表 6 行 4 列；

01 表 31 行 5 列 =04 表 7 行 1 列；01 表 31 行 6 列 =04 表 7 行 4 列；

01 表 32 行 5 列 =04 表 8 行 1 列；01 表 32 行 6 列 =04 表 8 行 4 列；

01 表 33 行 5 列 =04 表 9 行 1 列；01 表 33 行 6 列 =04 表 9 行 4 列。

第6章　储备土地资产负债表编制地方实践

2019 年自然资源部部署部分地区组织开展了政府储备土地资产负债表编制的试点工作。本章主要介绍试点地区编制资产负债表的报表体系，并分析各地在探索储备土地资产负债表编制过程中的经验。

6.1　地方实践情况

6.1.1　报表体系结构

开展储备土地资产负债表编制实践的地区主要根据会计核算理论，结合自身地方土地储备工作特点，从界定储备土地资产与负债内涵、凸显所有者权益的角度，形成不同的报表体系。开展储备土地资产负债表编制试点工作的地区都对储备土地实物量和价值量进行了统计与核算，并形成了政府储备土地资产负债表报表体系。大部分地区都在资产负债表中体现了所有者权益和其变化情况。

6.1.1.1 报表体系组成

试点地区报表体系组成各不相同。

浙江省杭州市形成了"1+3+4"的报表体系。其中，1 张主表为储备土地资产负债表；3 张收支表包括收支平衡表、收支明细表、所有者权益变动表；4 张变动表包括储备土地资产实物量清查统计表、土地储备实物存量及流量变动表、土地储备价值存量及流量变动表、土地储备负债存量及流量变动表。

浙江省宁波市形成了"3+7"的报表体系。其中，3 张主表包括储备土地资产负债表、所有者权益变动表与收入支出表；7 张附表包括土地流量表、拟收储土地汇总表、已入库土地汇总表、已出库储备土地汇总表、土地储备项目全生命周期信息表、实际已使用土地统计表、实际已使用土地现状过渡表。

福建省南平市形成了"4+3+3+7"的报表体系。其中，4 张储备土地资产负债表报表包括储备土地资产负债表、所有者权益变动表、土地储备收支表、土地储备收支明细表；3 张实物量、价值量表及附表包括拟收储土地资产情况表、入库储备土地资产情况表、使用专项债券尚未还清但已供应土地资产情况表；3 张储备土地负债情况表包括拟收储土地负债核算表、入库储备土地负债核算表、使用专项债券尚未还清但已供应土地负债核算表；7 张附表包括拟收储土地统计表（期初）、拟收储土地统计表（期末）、入库储备土地统计表（期初）、入库储备土地统计表（期末）、年度出让情况表、已供应使用专项债券但未还清土地情况表（期初）、已供应使用专项债券但未还清土地情况表（期末）。

山东省济南市形成了 7 张主表的报表体系，包括储备土地资产负债表、年度土地储备收支表、年度收支明细表、所有者权益变动表、储备土地实物流量变动表、储备土地价值流量变动表、储备土地负债流量变动表。

河南省许昌市形成了9张成果数据信息表的报表体系。9张报表包括土地储备实物清查统计表、土地储备实物流量表、储备土地资产核算表、储备土地资产价值流量表、储备土地资产负债表、土地储备专项债券流量表、储备土地资产收支平衡表、储备土地资产收支明细表、储备土地资产所有者权益变动表。

河南省焦作市形成了由4套表格组成的"一主四附两扩展四基础"的报表体系，报表由表格＋附注组成。主表为储备土地资产负债表；4张附表包括土地储备收支表、储备土地资产流量表、所有者权益变动表、负债流量表；2张扩展表包括土地用途变化表、土地储备全生命周期表；4张基础表包括储备土地资产明细表、收支明细表、资产基本情况统计表、负债情况表。

四川省成都市形成了5张主表的报表体系。5张主表分别为储备土地资产实物量统计表、储备土地资产价值核算表、配套项目建设统计表、土地储备负债统计表、储备土地资产负债表。

6.1.1.2　所有者权益及其变动

南平市、许昌市、济南市、成都市、杭州市、宁波市、石家庄市等地按照"所有者权益＝资产－负债"公式进行核算。宁波市将所有者权益分为归属市级政府权益、归属县级政府权益。石家庄市将所有者权益分为土地储备资金变动和储备土地变动两类。杭州市将所有者权益分为实收资本、资本公积、其他（包含土地出让收入扣除支出后的未分配利润）3类，并区分了因土地市场变动引起的和因土地面积变动引起的所有者权益变动金额。

6.1.2　报表体系指标

开展储备土地资产负债表编制实践的地区根据实际情况，探索了纳入储备土地资产负债表报表体系指标的资产内容、负债类型、核算科目、核算方法等。共性的做法有：一是将拟收储土地和入库储备土地纳入资产核算范围；二是将土地储备专项债券、少量的存量贷款、应付账款等纳入负债核算范围。资产方面：许昌市将财政预算资金、储备土地其他零星收入计为资产；石家庄市将货币资金、应收及暂付款项计为资产。负债方面：南平市、焦作市、杭州市等地将拟收储土地的预计收储成本、预计前期开发成本等也纳入负债范围。济南市、杭州市、成都市等地将棚改债券、隐性债务等土储债券以外的其他地方政府专项债券也纳入负债。许昌市在研究中将土地存在的污染、文物遗存、矿产压覆、洪涝隐患、地质灾害风险等使储备地块达到出让条件所支付的费用计为负债。焦作市将置换债券、一般债券也计为负债。

6.1.2.1　资产负债表主要指标

资产方面。河北省石家庄市的资产负债表包括货币资金、应收及暂付款项、收储项目、储备土地净值、待处理土地等核心指标。浙江省杭州市的资产负债表包括拟收储土地、入库储备土地等核心指标，其中入库储备土地可分为已成交尚未交付、在库土地（经营性、非经营性）等。浙江省宁波市将资产核心指标按储备土地状态进行划分，分为拟收储土地、入库土地和已出库土地，其中入库土地根据规划用途细分为商服用地、住宅用地、工矿仓储用地、公共管理与公共服务用地、交通运输用地、特殊用地、水域及水利设施用地、其他用地 8 类，已出库土地则设置当年已收价款、应付账款等指标。福建省南平市将资产分为拟收储土地、入库储备土地与使用专项债券但尚未还清的已出让土地，其中拟收储土地包括住宅用地、商业服务业设施用地、公共管理与公共服务用地、工矿仓储用地、其他经营性用地；入库储备土地包括住宅用地、商业服务业设施用地、公共管理与公共服务用地、工矿仓储用地、其他经营性用地；使用专项债券但尚未还清的已出让土地包括住宅用地、商业服务业设施用地、公共管理与公共服务用地、工矿仓储用地、其他经营性用地。山东省济南市将资产分为拟收储土地和入库土地，分别根据规划条件细分为住宅用地、公共管理与公共服务用地、商业服务业设施用地、工业、物流仓储、道路与交通设施、公用设施、绿地与广场。河南省许昌市将资产分为拟收储土地资产、财政预算资金、储备土地资产、出库土地资产。河南省焦作市与四川省成都市将资产分为拟收储土地资产与入库储备土地资产。

负债方面。河北省石家庄市的资产负债表包括应付及暂存款项、土地储备专项债券、其他负债等核心指标。浙江省杭州市的资产负债表包含土地储备专项债券、地方政府债券、预计负债与其他负债 4 项负债指标。浙江省宁波市认为负债的核心指标有应付账款、应付债券与应付贷款，其中应付账款包括土地取得成本、前期开发等成本，应付债券包括已出让地块应付债券。福建省南平市将负债分为 3 类，包括土地储备专项债券、预计负债、其他负债，其中土地储备专项债券又可分为长期负债和流动负债，长期负债包括截至期末（期初）尚未归还本金的债券额度，即当年或未来某年需要归还的债券额度，流动负债指今年须偿还的利息。山东省济南市的资产负债表中负债的主要指标包括土地储备专项债券、棚改债券、应付账款、其他负债。河南省许昌市的负债包含土地储备专项债券、应付账款与其他应付款，其中土地储备专项债券包括应付债券、应付利息，应付账款包括应付土地储备成本、应付前期开发成本。河南省焦作市的负债分为预计负债、土地储备专项债券、一般负债和其他负债，其中，预计负债指土地处在拟储备阶段时预计发生的费用；一般债券指政府用一般债券置换的 2016 年之前举借尚未归还银行等金融机构用于土地储备的贷款；其他负债指在其他机构举借的尚未归还的用于土地储备的借款。四川省成都市认为负债包含土地储备专项债券、隐性债务、应付账款、使用专项债券但尚未还清的已处置地块 4 类。

所有者权益方面。河北省石家庄市的资产负债表包括土地储备资金与其他权益。浙江省杭州市认为所有者权益可分为实收资本、资本公积和其他。浙江省宁波市根据行政事权的划分，认为全民所有者权益包括归属市级政府的权益和归属县级政府的权益。福建省南平市、山东省济南市、河南省许昌市和四川省成都市认为"所有者权益 = 资产 − 负债"。河南省焦作市认为储备土地资产的所有者权益即等于储备土地出让后所有者的权益。

6.1.2.2　收入支出主要指标

资产负债表中体现收入的主要指标各试点地区的理解各不相同，河北省石家庄市认为储备土地资产负债表中的收入为土地储备资金收入，浙江省杭州市、福建省南平市、山东省济南市认为收入指土地出让收入。河南省许昌市认为收入主要指标包含3个方面：一是资金来源包括市财政支付金额、国有土地收益基金、土地储备专项债券、其他财政资金；二是以上资金产生的利息收入；三是土地储备资金收入，包括划拨收入、出让收入、土地零星收入。河南省焦作市认为收入包含两个方面：土地储备供应收入与土地储备零星收入。

支出方面。河北省石家庄市认为支出主要指土地储备项目成本。浙江省杭州市将支出分为5类，包括土地取得支出、土地开发支出、土地储备专项债券付息、本年度应还土地储备专项债券、其他支出。福建省南平市的支出主要分为土地收储成本支出、土地储备专项债券付息、本年度应还土地储备专项债券3个部分。山东省济南市认为支出包括征收及收回（购）成本、配套设施建设成本、安置房保障成本、其他支出、财务费用、还本付息6个部分。河南省许昌市将支出分为土地储备成本、入库条件支出、前期土地开发支出、其他支出、应付债券利息、上交财政支出6个部分，其中土地储备成本包含报批支出、土地补偿金额、拆迁及附着物补偿金额、安置投入金额、其他费用5个子项；前期土地开发支出包含现场管护合同金额、围挡建设合同金额、地籍调查金额、基础设施建设金额4个子项。

6.1.2.3 所有者权益主要指标

河北省石家庄市在资产负债表编制中认为所有者权益体现在上年年末余额、本年年初余额、本年增减变动金额、本年年末余额4个方面，其中本年增减变动金额包括土地储备资金净增加与本期土地储备的净增加。浙江省杭州市认为所有者权益主要指标包括上年年末余额、本年年初余额、本年增加、本年减少、本年年末余额，其中本年增加指土地市场变动引起的变动金额、土地面积变动引起的变动金额，本年减少指土地市场变动引起的变动金额、土地面积变动引起的变动金额。福建省南平市认为所有者权益表主要指标包括上年年末、本年年初、本年增减变动、本年年末 4 项。山东省济南市编制的资产负债表中所有者权益表主要指标包括上年年末余额、本年年末余额、本年增减变动金额、本年年末余额。河南省许昌市认为资产负债表中所有者权益表现在上年期末余额、本年增减变动金额、本年年末余额、本年出让收益归属政府的资金 4 个方面，其中本年增减变动金额包括国家政策变更、前期差错更正与其他。河南省焦作市编制的资产负债表中所有者权益指标包含上年年末金额、本年年初金额、本年变动金额、本年年末金额，其中上年年末金额可分为储备土地资产期初值与土地储备负债期初值；本年年初金额包括储备土地资产年初金额、土地储备负债年初金额、所有者权益年初金额；本年变动金额包括本年度收储计划增加或本年度因供应土地资产减少的储备土地资产、本年度新增负债或本年度因偿还本金减少的土地储备负债、本年度所有者权益变动金额等；本年年末金额指储备土地资产、土地储备负债、所有者权益年末金额等。

6.2　地方典型实践

6.2.1　济南市实践

6.2.1.1　技术路线

济南市政府储备土地资产负债表编制，结合济南市土地储备现有机制，明确编制主体、范围、对象，明晰储备土地资产、负债内涵，制定拟收储、入库土地划分标准，以会计核算理论为基础，遵循"实物量、成本、负债清查—资产价值核算—报表体系编制"的技术路径，研究形成济南市政府储备土地资产负债表报表体系和储备土地实物量、成本、负债清查机制。按照"试点中的试点先行—调整完善—全面铺开—核实确认"的数据采集路径，首先选择土地储备工作基础较好的地区进行试填试编，厘清储备土地来源、去向，弄清数据管理方式及涉及的具体部门，确定报表编制有效路径和实现形式；其次，总结先行试点经验，制定统一的实物量、成本、负债清查统计标准，明确责任主体，落实部门分工，市区联动，统筹部署，全面铺开填报和编制工作，准确掌握年初、年末储备土地实物量家底及对应的成本、负债；再次，在实物量清查统计的基础上，以土地价值评估为手段，科学、准确地核算储备土地资产经济价值；最后，根据实物量、价值量及负债编制济南市实物量与价值量并存的政府储备土地资产负债表报表体系，全面反映济南市政府实际所有的储备土地资产价值、负债情况及所有者权益。

济南市政府储备土地资产负债表编制技术路径如图6-1所示。

其中信息采集遵循"实物量、成本、负债对应""存量、流量结合""台账、地理信息统一"的统计路径。

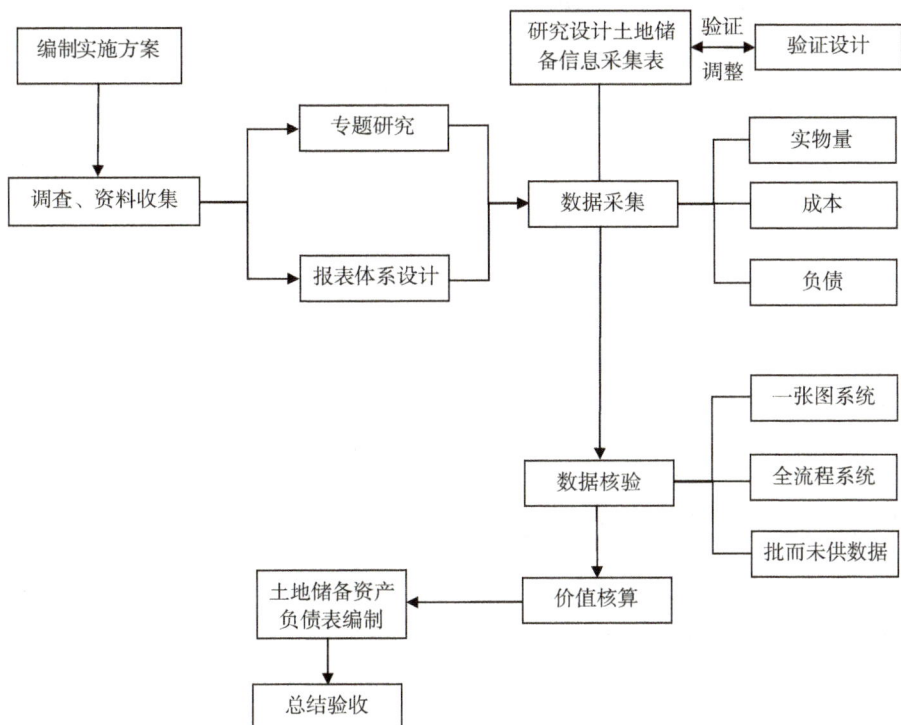

图 6-1　济南市政府储备土地资产负债表编制技术路径

6.2.1.2　报表体系

济南市政府储备土地资产负债表报表体系包括政府储备土地资产负债表（表 1）、收支表（表 2）、收支明细表（表 3）、所有者权益变动表（表 4）、实物流量变动表（表 5）、储备土地价值流量变动表（表 6）、储备土地负债流量变动表（表 7）等 7 张表。

根据济南市实际情况，其政府储备土地资产负债表编制范围为拟收储土地及入库土地。纳入统计的拟收储土地，其新增建设用地为已取得农用地转用和征收批文的土地；对于计划依法收回的国有土地，须有市、县人民政府相应的批文；纳入统计的入库土地，须补偿到位、权属清晰，且为规划的建设用地。

济南市的政府储备土地资产负债表报表体系编制基础为目前土地储备的资产、成本、负债等，是由不同机构、不同部门分别记载在不同的会计账簿上的，同一储备土地上也可能存在多个主体投入，无法进行统一的管理。因此，政府储备土地资产负债表编制不以严格意义上的会计核算为基础，以储备土地为主体，把与储备土地相关的数据拼在一起，反映到一张表上。

资产包含实物量与价值量，按阶段划分，分为拟收储阶段的资产量及入库阶段的资产量。应付账款指收购的国有土地采用土地出让后，以预约分成方式支付尚未支付的，该部分金额核算通过当年 12 月 31 日的评估价乘以分成比例确定。会计年度是自公历 1 月 1 日起至当年 12 月 31 日止。采用人民币为记账本位币。记账基础和计价原则以权责发生制为基础。

（1）政府储备土地资产负债表

政府储备土地资产负债表（表 1）反映储备土地资产从期初（每年 1 月 1 日）至期末（每年 12 月 31 日）的资产、负债及所有者权益构成情况。每行需分别填列期初和期末的实物量与价值量。

该表整体分为资产、负债与所有者权益 3 个部分。其中资产按储备项目的实施进度分为拟收储土地、入库土地两类，每类资产可按规划用途分为住宅、公共管理与公共服务、商业服务业设施、工业、物流仓储、道路与交通设施、公共设施、绿地与广场 8类。"拟收储"土地反映取得农用地转用和征收批文，以及收回、收购批文还未补偿到位、未取得完全产权的建设用地的期初、期末实物量和价值量。"入库"土地反映补偿到位、产权清晰，规划为建设用地的国有土地。

负债包括土地储备专项债券、棚改债券、应付账款、其他负债 4 类。其中"土地储备专项债券"反映期初、期末储备项目上未偿还的土地储备专项债券金额。"棚改债券"反映期初、期末储备项目上未偿还的棚改债券金额。"应付账款"反映土地储备项目发生的应付工程款、其他各种应付款项，如国有土地预约分成尚未返还的金额。"其他负债"反映期初、期末储备项目上的借款。

表内各项指标间的公式如下：

所有者权益 = 资产 − 负债；资产 = 拟收储 + 入库；负债 = 土地储备专项债券 + 棚改债券 + 应付账款 + 其他负债。

拟收储土地 = 住宅 + 公共管理与公共服务 + 商业服务业设施 + 工业 + 物流仓储 + 道路与交通设施 + 公共设施 + 绿地与广场。

入库土地 = 住宅 + 公共管理与公共服务 + 商业服务业设施 + 工业 + 物流仓储 + 道路与交通设施 + 公共设施 + 绿地与广场。

（2）收支表

收支表（表 2）反映土地储备项目每年 1 月 1 日至 12 月 31 日的收入和支出情况。收支表按照收支类别分为收入、支出、本年度收支结余 3 个部分。"收入""支出"栏反映土地储备项目期间实际发生数。收入反映当期土地储备收入总额，根据当期储备土地实际收入加总计算填列。

"支出"包括征收及收回（购）成本、配套设施建设成本、安置房保障成本、其他支出、财务费用、还本 6 个部分。其中，"支出"

反映当期土地储备项目的实际支出,包含征收、收回(购)成本,配套设施建设成本,安置房保障成本,其他支出,财务费用,还本6个部分。"征收、收回(购)成本"反映当期土地储备项目征收、收回(购)成本的实际支出,包含征地补偿费、安置补偿费、青苗和地上附着物补偿、其他补偿、新增建设用地有偿使用费、耕地开垦费、指标购买费用等。涉及房屋拆迁的包含拆迁费,涉及收购的包含收购费用。"配套设施建设成本"反映当期土地储备项目配套设施建设成本的实际支出,包含修建道路、学校等基础设施费用。"安置房保障成本"反映当期土地储备项目上发生的安置房保障成本的实际支出,包含建设安置房土地取得成本及工程费用等。"其他支出"反映当期土地储备项目上发生的其他支出,包含测量费、委托费、管护费等。财务费用反映当期土地储备项目上发生的财务费用,包含土地储备专项债券、棚改债券、其他负债发生的利息费用。"还本"反映当期土地储备项目上发生的还本,包含土地储备专项债券、棚改债券、其他负债的还本。

表内各项指标间的公式如下:

本年度收支结余 = 收入 - 支出。收入 = 土地出让收入。支出 = 征收、收回(购)成本 + 配套设施建设成本 + 安置房保障成本 + 其他支出 + 财务费用 + 还本。

(3)收支明细表

收支明细表(表3)反映各个土地储备项目每年1月1日至12月31日收入和支出变化情况,表内共包括编号、项目区名称、行政区、土地出让收入、土地储备项目资金支出、收支结余6项指标。

"收入""支出"栏反映各个土地储备项目期间实际发生数。"土地出让收入"反映当期各个土地储备项目出让金收入，应根据当期储备土地供应实际出让金计算填列，项目没有出让的或者以划拨方式供应没有产生出让金的，填"0"。"支出合计"反映当期土地储备项目的实际支出，包含征收、收回（购）成本，配套设施建设成本，安置房保障成本，其他支出，财务费用，还本。"征收、收回（购）成本"反映当期各个土地储备项目征收、收回（购）的实际支出，包含征地补偿费、安置补偿费、青苗和地上附着物补偿、其他补偿、耕地开垦费、指标购买费用等。涉及房屋拆迁的包含拆迁费，涉及收购的包含收购费用。

"配套设施建设成本"反映当期各个土地储备项目配套设施建设成本的实际支出，本项目包含修建道路、学校等基础设施费用。

"安置房保障成本"反映当期各个土地储备项目上发生的安置房保障成本的实际支出，本项目包含建设安置房土地取得成本及工程费用等。

"其他支出"反映当期各个土地储备项目上发生的其他支出，包含测量费、委托费、管护费等。

财务费用反映当期各个土地储备项目上发生的财务费用，包含土地储备专项债券、棚改债券、其他负债发生的利息费用。

"还本"反映当期各个土地储备项目上发生的还本，包含土地储备专项债券、棚改债券、其他负债的还本。

关于收支表与收支明细表之间的关系，表2与表3中各项指标间的公式如下：

收支结余 = 土地出让收入 – 支出合计。表3各个项目土地出

让收入加和 = 表 2 土地出让收入。支出合计 = 征收、收回（购）成本 + 配套设施建设成本 + 安置房保障成本 + 其他支出 + 财务费用 + 还本。表 3 各个储备项目支出合计加和 = 表 2 支出。表 3 各个储备项目配套设施建设成本加和 = 表 2 配套设施建设成本。表 3 各个储备项目征收、收回（购）成本加和 = 表 2 征收、收回（购）成本。表 3 各个储备项目安置房保障成本加和 = 表 2 安置房保障成本。表 3 各个储备项目其他支出加和 = 表 2 其他支出。表 3 各个储备项目财务费用加和 = 表 2 财务费用。表 3 各个储备项目还本加和 = 表 2 还本。

（4）所有者权益变动表

所有者权益变动表（表 4）反映年初（每年 1 月 1 日）、年末（每年 12 月 31 日）所有者权益及变动情况。"上年年末余额"反映上年年末（每年 12 月 31 日）所有者权益余额。"本年年初余额"在"上年年末余额"的基础上，加上会计政策变更和前期差错更正对所有者权益本年年初余额的影响，计算得到"本年年初余额"。"本年增减变动金额"反映年度储备项目上所有者权益增减变动情况。"本年年末余额"反映年末储备项目上所有者权益余额。

表内各项指标间的公式如下：

本年年末余额 = 本年年初余额 + 本年增减变动金额。本年年初余额 = 上年年末余额。

（5）实物流量变动表

实物流量变动表反映核算期内（每年 1 月 1 日至 12 月 31 日）储备土地实物流量变动情况。期初存量为当年 1 月 1 日存量，期末存量为当年 12 月 31 日存量。存量增加、存量减少核算期为当年 1 月 1 日至当年 12 月 31 日。

拟收储土地"期初存量"反映拟收储土地期初实物存量。征收、收回（购）包含集体土地征收、房屋征收、国有土地收回、国有土地收购，反映当年新增的取得收回、收购、农转用、征收批文土地的实物量。"存量减少"反映储备土地从拟收储阶段到入库阶段的实物量。"期末存量"反映拟收储土地期末实物存量。

入库土地"期初存量"反映入库土地期初实物存量。"存量增加"反映当年从拟收储阶段结转到入库阶段的实物量。"存量减少"反映当年从入库阶段到完成供应阶段的实物量。"期末存量"反映入库土地期末实物存量。

表内各项指标按规划用途分为住宅、公共管理与公共服务、商业服务业设施、工业、物流仓储、道路与交通设施、公用设施、绿地与广场 8 类。

表内各项指标间的公式如下：

拟收储土地：期末存量 = 期初存量 + 存量增加 – 存量减少；入库土地：期末存量 = 期初存量 + 存量增加 – 存量减少（供应、退出入库）。

（6）储备土地价值流量变动表

储备土地价值流量变动表反映核算期内（每年 1 月 1 日至 12 月 31 日）储备土地价值流量变动情况。期初存量为当年 1 月 1 日存量，期末存量为当年 12 月 31 日存量。存量增加、存量减少核算期为当年 1 月 1 日至当年 12 月 31 日。

拟收储土地"期初存量"反映拟收储土地期初价值存量。"存量增加"中征收、收回（购）包含集体土地征收、房屋征收、国有土地收回、国有土地收购，反映当年新增的取得收回、收购、农转用、征收批文的土地价值。"存量减少"反映储备土地从拟收储阶段到入库阶段的价值。"市场变化"反映当年市场波动引起的价值变化情况。"期末存量"反映拟收储土地期末价值存量。

入库土地"期初存量"反映入库土地期初价值存量。"存量增加"反映当年从拟收储阶段结转到入库阶段的土地价值。"存量减少"反映当年从入库阶段到完成供应阶段的土地价值。"市场变化"反映当年市场波动引起的价值变化情况。"期末存量"反映入库土地期末价值存量。

表内各项指标按规划用途分为住宅、公共管理与公共服务、商业服务业设施、工业、物流仓储、道路与交通设施、公用设施、绿地与广场 8 类。

表内各项指标间的公式如下：

拟收储土地：期末存量 = 期初存量 + 存量增加 – 存量减少 + 市场变化；入库土地：期末存量 = 期初存量 + 存量增加 – 存量减少（供应、退出入库）+ 市场变化。

（7）储备土地负债流量变动表

储备土地负债流量变动表反映核算期内（每年 1 月 1 日至 12 月 31 日）储备土地负债流量变动情况。期初存量为当年 1 月 1 日存量，期末存量为当年 12 月 31 日存量。存量增加、存量减少核算期为当年 1 月 1 日至当年 12 月 31 日。

负债按类型分为土地储备专项债券、棚改债券、其他负债、应付账款。"期初存量"反映储备土地期初负债存量。"存量增加"反映当年储备土地新增的负债。"存量减少"反映当年储备土地还本情况。"期末存量"反映储备土地期末负债存量。

表内各项指标间的公式如下：

期末存量＝期初存量＋存量增加－存量减少。

6.2.1.3　应用探索

（1）土地储备日常管理

一是政府储备土地资产负债表编制成果作为三年滚动计划、土地储备计划编制的一项重要依据，并对其执行进行监测监管；二是试点成果广泛应用于济南市土地市场的监测监管及房地产市场的调控；三是试点成果为政府收储、供地决策提供了重要依据。

（2）预算管理

2019 年 12 月，济南市印发了《济南市土地储备项目预算管理试点工作实施方案（试行）》，提出通过试点开展土地储备项目预算管理改革，拓展土地储备专项债券发行使用空间，探索建立"土地资源＋预算管理"体系，实现土地储备项目计划收储、资金筹集、储备开发、供应出让、债务偿还的全生命周期管理。明确土地储备项目预算管理试点领域为纳入市级土地储备项目库的土地储备项目。政府储备土地资产负债表编制工作通过摸底清查，摸清土地储备家底，建立济南市土地储备项目库，为预算管理提供了"土地资源"基础数据。政府储备土地资产负债表报表编制涉及的数据采集从来源抓起，全过程跟踪到供应阶段，中间涉及储备土地状态变化、资金投入、债务产生与消灭，与预算全生命周期管理理念契合。

（3）自然资源资产报告

2019 年 1 月，《自然资源部办公厅关于进一步规范储备土地抵押融资加快批而未供土地处置有关问题的通知》（自然资办发〔2019〕3号）提出"将土地储备情况纳入地方政府向同级人大报告的全民所有自然资源资产情况中"。2020年，济南市人大常委会印发《济南市人大常委会2020年监督工作计划》，明确2020年听取审议市政府关于全市国有自然资源（资产）管理情况的报告。2020年6月17日，济南市政府储备土地资产负债表编制成果作为人大报告中的专项内容，重点向人大报告了全民所有土地储备实物数据、价值总量、成本投入及负债情况。人大审议通过并要求建立自然资源资产报告制度。后续，年度政府储备土地资产负债表编制成果将作为自然资源资产报告的重要组成向人大报告。

（4）自然资源资产负债表

济南市拟着手研究建立全市自然资源资产核算评价制度，开展全民所有自然资源资产价值评估和资产核算，制定分类清单，编制全民所有自然资源资产负债表。政府储备土地资产负债表编制试点工作中建立的清查统计制度、价值核算方法可为全品类自然资源资产负债表编制提供借鉴。

（5）领导干部自然资源离任审计

济南市2016年在商河县开展自然资源资产审计试点工作。2017年编制《自然资源资产审计》教材，提出技术性操作流程和制度性规范要求。2018年安排7位领导干部自然资源资产离任审计。2019年开展3个自然资源资产管理审计项目，加强自然资源资产任中审计，强化审计监督实效。2020年重点开展全市自然资源资产审计调查。政府储备土地资产负债表编制成果可为济南市进一步探索领导干部离任审计工作提供数据支撑。

6.2.2　杭州市实践

6.2.2.1　技术路线

杭州市在编制政府储备土地资产负债表的过程中实物量统计原则以实物量统计为基础，辅以价值评估方法。与常见的企业资产负债表不同，政府储备土地资产负债表编制不以严格意义上的会计核算为基础，而是在实物量统计的基础上进行价值评估；收付实现制原则，即资产、负债的确认以收付实现制为准，而非权责发生制；稳健性原则，即资产按稳健性原则进行评估，即采用保守评估的方法进行评估。

核算方法采用实物量调查方法与价值量核算方法。其中，实物量调查方法要求土地储备资产期初、期末存量依据上一年年末、本年年末拟收储土地、入库储备土地和专项债券使用情况，由各做地主体和土地储备中心填报。对于拟收储土地的价值核算，杭州市土地储备机构采用成本置换法对其进行价值评估，即对于已经发生资金投入的拟收储土地，其资产价值应等于实际投入成本的大小；对于未发生资金投入的拟收储土地，其资产价值为零。对于入库储备土地的价值核算，经营性用地价值评估采用市场比较法，即采用近 5 年相同规划用途土地出让价格平均数计算。对于工业用地而言，因其成本与出让价格倒挂，采用市场评估法对工业用地资产价格进行评估。非经营性用地价值评估采用成本置换法，即以其实际投入成本计算。对于使用专项债券但尚未还清的已出让地块价值核算方法采用实际出让价格进行核算。

杭州市土地储备机构遵循和采用以上原则和方法，建立了政府储备土地资产负债表报表体系。主要包含政府储备土地资产负债表及其附表、土地出让收入情况统计表、年度收支平衡表、收支明细表和所有者权益变动表。同时制订了详细的报表填写规范。

杭州市政府储备土地资产负债表编制技术路线如图6-2所示。

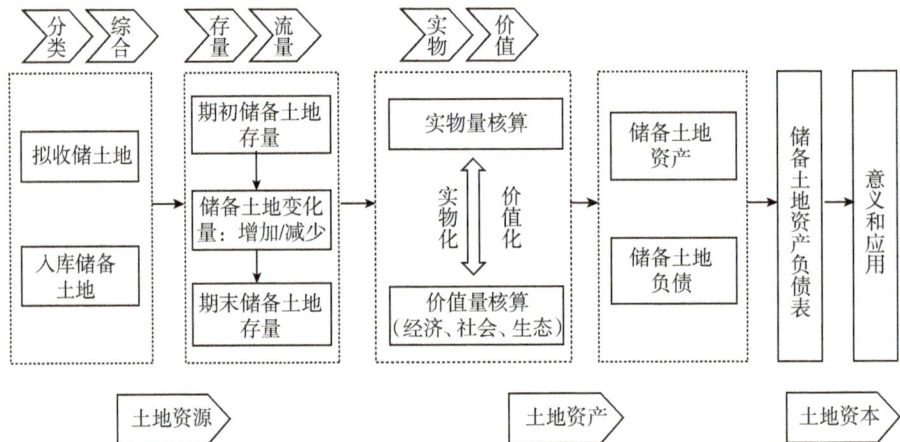

图 6-2 杭州市政府储备土地资产负债表编制技术路线

6.2.2.2 报表体系

杭州市编制政府储备土地资产负债表的对象为市辖区内所有的已纳入土地储备计划或经县级（含）以上人民政府批准，目前已启动收回、收购、征收等工作，但尚未取得完整产权的土地，以及依法完成征收补偿到位的土地，已经完成收回、收购、优先购买的土地和所有未确定使用权人的国有土地。以地块为清查统计的基本单元，一个或多个地块组成土地储备项目的，须填写土地储备项目名称；没有土地储备项目的，仅填地块名称。

清查时点选在每年度的 12 月 31 日，本年度内，新增拟收储土地、拟收储土地入库、拟收储土地取消做地计划、入库储备土地供应、入库储备土地退出的，均需统计。

杭州市政府编制储备土地资产负债表共形成 8 张报表，包括 1 张主表（储备土地资产负债表）、3 张辅表（收支平衡表、收支明细表、所有者权益变动表）及 4 张子表（储备土地资产实物量清查统计表、土地储备实物存量及流量变动表、土地储备价值存量及流量变动表、土地储备负债存量及流量变动表）。

（1）主表

杭州市储备土地资产负债表是根据"资产＝负债＋所有者权益"这一会计恒等式，按照一定的分类标准和一定次序，把企业一定日期的资产、负债和所有者权益各项目予以适当排列编制而成。资产负债表由表头、表体和表尾 3 个部分组成。表头部分包括报表名称、编制单位名称、编制时间和计量单位 4 个要素，反映的是企业在某一特定日期的财务状况，编制时间应为时点数。表体部分是资产负债表的主体部分，包括期初、期末资产、负债和所有者权益各项目的名称及其金额。表尾一般写明需要解释说明的相关事项。储备土地资产负债表基本结构与企业资产负债表类似，采用报告式列报，资产、负债和所有者权益位于同一列。与企业资产负债表的区别在于，储备土地资产负债表不仅列报资产、负债、所有者权益的货币计量数值，也列报实物量。

储备土地资产负债表反映的是杭州土地储备模式。杭州土地储备只针对以公开出让方式供应的经营性用地（主要包括住宅用地、商业服务业设施用地、物流仓储用地），非经营性用地（主要包括公共管理与公共服务用地、道路与交通设施用地、公用设施用地、绿地与广场用地）不纳入土地储备库管理，工业用地大多通过协议出让方式供应。杭州土地储备模式的特点是区片开发，以区片内的经营用地出让撬动整个区片的开发建设，实现区片内资金平衡。因此，这种区片滚动开发模式虽然只针对经营性用地，但使得地方政府能够利用经营性用地的出让收入，进行基础设施建设和生态环境修复，从而在一定程度上实现了土地储备社会效益和生态效益。因此，我们可以通过非经营性用地的实物量和价值量间接地反映土地储备的社会效益和生态效益。表中的经营性用地资产分为两类，一类是已经入库的经营性用地资产；另一类是列入储备计划但尚未入库的经营性用地资产。

根据做地（储备实施）所处阶段、是否使用债券、规划用途等，杭州市将政府储备土地资产负债表中的储备土地资产分为拟收储土地、入库储备土地和使用专项债券但尚未还清的已出让地块。其中拟收储土地分为已投入资金地块与未投入资金地块两类；入库储备土地分为经营性用地和非经营性用地，其中经营性用地根据规划用途分为住宅、商业服务业设施、公共管理与公共服务、工业、物流仓储、其他；使用专项债券但尚未还清的已出让地块与入库储备土地分类方法相同，分为经营性用地和非经营性用地，其中经营性用地根据规划用途分为住宅、商业服务业设施、公共管理与公共服务、工业、物流仓储、其他。

杭州市认为土地储备资产的负债主要是土地储备专项债券，部分地区可能还会包含一些存量负债。土地储备专项债券按照偿还时间进行分类，如2017年发行的5年期专项债券，在表中则应计为2022年应还债券本金。

（2）收支表

收支表包括收支平衡表、收支明细表、所有者权益变动表。其中土地储备收支明细表中，支出的确认应遵循配比原则，和相应的收入在同一会计期间确认。支出可分为资本性支出和收益性支出。资本性支出与企业长期收益的获取有关，收益性支出仅与企业获取当期收益有关。该规范中的支出包括资本性支出和收益性支出。

（3）变动表

变动表包括储备土地资产实物量清查统计表、土地储备实物存量及流量变动表、土地储备价值存量及流量变动表、土地储备负债存量及流量变动表，主要作用是反映土地储备资产、负债、所有者权益存量、流量变动状况及资金流动情况。

储备土地资产统计表，按储备土地地块分宗填写，是编制资产负债表的基础表，反映统计期内储备土地资产信息，表格包含 5 个部分，分别为地块基本信息、地块评估价值、地块状态信息、地块投入和负债情况、核算期内地块状态变动情况。其中地块基本信息包含做地主体、行政区、土地储备项目名称、地块名称、地块名称备注、地块编码、地块坐落、取得方式、地块面积、规划用途等信息。地块评估价值包含基准地价等级、基准地价、评估单价、地块评估价格等信息。地块状态信息包含取得批文时间、所处做地阶段、入库时间、所处做地阶段等入库相关信息。地块投入和负债情况包含土地取得成本（包括征收和拆迁补偿）、土地开发成本、财务费用、其他预计投入、土地储备专项债券、其他负债等信息，其中土地储备专项债券与其他负债还须填写偿还时间、额度等内容。核算期内地块状态变动情况栏按照供应和状态变动等情况须填写供应时间、供应方式、成交价格、转为拟收储土地、拟收储土地入库、入库储备土地供应、拟收储土地取消做地计划、入库储备土地退出土地储备库等信息。

实物存量及流量变动表主要由 5 个部分组成，分别为地块基本信息、地块评估价值、地块状态信息、地块投入和负债情况、核算期内地块状态变动情况。其中，地块基本信息、地块评估价值、地块状态信息、核算期内地块状态变动情况的数据主要来源于各做地主体、地方土地储备中心的台账；地块投入和负债情况由做地主体、地方土地储备中心结合地方财政部门的数据进行整理填报。

6.2.2.3 应用探索

杭州市将政府储备土地资产负债表编制作为摸清储备土地资产家底的重要途径，是加强全民所有自然资源资产管理的基础性工作，为全民所有自然资源资产负债表、国有自然资源资产报告的编制提供基础，为建立资源清单和委托代理机制、加强资产管理和权益保护、开展考核监督创造条件。

（1）摸清土地储备资产底数

自然资源资产统一管理仍面临多年来形成的体制不顺、法制滞后、机制单一固化等突出矛盾和问题。各类自然资源各自建立管理制度和统计标准，不但存在部分资源管理制度不完善、工作基础和进展不平衡等问题，也存在资源类别之间管理交叉、数据重复等问题。开展政府储备土地资产负债表编制工作，有利于建立统一的储备土地资产实物量清查统计体系，摸清储备土地资产的真实底数。

（2）为自然资源资产负债表编制提供参考

自然资源资产负债表记录和核算一定时期内区域自然资源资产实物量和价值量变化情况，可以反映某个地区在某一时期自然资源资产家底，掌握地区自然资源资产、负债及自然资源权益的发展趋势。储备土地具有统计方便、价值量核算较为简单的优点，通过政府储备土地资产负债表编制，探索构建科学合理的自然资源资产价值估算体系，对自然资源资产进行货币化价值评估，可以为自然资源资产定价和补偿标准确定提供量化依据。

（3）为国有自然资源资产报告编制提供数据基础

编制国有自然资源资产报告是党中央、国务院部署的重大改革任务，是实行干部离任审计制度、倒逼生态文明建设的需要，事关我国今后发展战略选择和产业优化布局。编制国有自然资源资产报告的前提是对不同种类的国有自然资源资产进行分类与确认，并采用合理的测算方法核算国有自然资源资产的实物量与价值量。政府储备土地资产负债表编制通过采用实物量与价值量相结合的计量指标，探索制定统一的核算口径、可操作的评价体系和方法，为国有自然资源资产报告编制提供翔实的基础数据。

（4）为开展领导干部自然资源资产离任审计奠定基础

开展政府储备土地资产负债表编制可了解辖区内国有土地储备资产存量及存在的问题，能为领导干部自然资源资产离任审计做基础数据支撑，保障领导干部自然资源资产离任审计工作深入开展，推动领导干部守法、守纪、守规、尽责，切实履行自然资源资产管理和生态环境保护责任，促进自然资源资产节约集约利用和生态环境安全。

6.2.3 宁波市实践

6.2.3.1 技术路线

宁波市在开展储备土地资产负债表编制过程中，基于宁波市土地储备工作特点，形成以下 4 个工作方法。

（1）开展课题研究，明确基本概念内涵

通过"土地储备资产 – 负债体系建立研究""土地储备实物统计体系研究""土地储备资产核算研究""土地储备负债核算研究""土地储备所有者权益研究""土地储备社会效益和生态效益评价""综合应用体系研究"等课题研究构建基本体系和框架，构建土地储备与传统会计理论结合的方式、资产 – 负债体系框架、理论衔接和相关基本概念、内涵与范围。

（2）先行主体实践，不断优化编制规则

借鉴国内其他地区自然资源资产负债表编制、土地资源资产核算等实践经验和思路，通过选取海曙区、北仑区、市储备中心等做地主体，同步数据统计与测算、优化科目、深化课题研究等方式，编制、优化、完善全市统一编制标准。根据数据测算、研讨结果等优化专题研究，理顺数据采集、加工等流程和方法，明确指标内涵和口径，同步修改专题研究报告，优化完善编制规则。

（3）专题会议研讨，集聚理论和实践思考

组织领导小组成员单位、自然资源和规划系统专家等召开研讨会 20 余次，期间加强和自然资源部、省自然资源厅相关领导、专家沟通，不断优化修改专题研究报告编制标准。

（4）强化信息化支撑，保障数据统筹核算

基于原有农转用征收报批、存量建设用地收回及批而未供清查、建设用地供应等业务数据，对储备土地资产进行数据整理与建库。基于市区动态监测样点地价数据，建立空间地价趋势面模型评估在库土地价值。完善土地储备全生命周期系统，将储备土地资产数据库纳入系统管理，建设资产–负债实时核算模块。

6.2.3.2　报表体系

（1）全市政府储备土地资产负债表

全市政府储备土地资产负债表反映在一定日期内全民所有储备土地资产、负债和所有者权益的情况。表格分为 3 个部分，分别为资产、负债、所有者权益。

资产部分中"拟收储土地"反映拟收储的资产是不完全资产，价值按照已发生成本计算，取得成本指按合同约定或农转用报批征收时的取得成本，包括税费、指标费、土地补偿费、安置补助费及农村村民住宅、其他地上附着物和青苗等的补偿费用、村级留用地货币补偿金额，不包括前期开发和安置房建设成本。该成本以各区（县）市规定的标准为准，即"拟收储土地汇总表"中的"已投入资金"。在库土地根据规划用途分为商服用地、工矿仓储用地、住宅用地、公共管理与公共服务用地、特殊用地、交通运输用地、水域及水利设施用地、其他用地 8 类。在库土地价值为表中相应用途土地的评估价值合计之和。已出库土地中"已出库供应收入"反映供应国有土地使用权后实际获得的收入。扣减当年已收价款项反映年底未完全取得的部分，即表中"未收取价款"总计之和。"资产总计"等于拟收储土地、在库土地与已出库土地之和。

负债分为应付账款、应付债券与其他负债。"应付账款"中前期开发等成本单列，反映对仍未进行前期开发的在库土地进行前期开发、管护、地籍测量等达到可出库状态仍需投入的成本。"应付债券"包含土地储备专项债券与其他债券，其中，"土地储备专项债券"根据期末土地储备专项债券余额填列，不包含其他类型政府专项债券；"其他政府债券"指期末已置换土地储备存量贷款的债券余额和用于土地储备的其他政府债券余额之和。"其他负债"反映除"应付账款""应付债券"之外的负债，根据期末未置换为政府债券的土地储备存量贷款余额等负债分析填列。"负债合计"为应付账款、应付债券与其他负债之和。

所有者权益分为归属市级政府权益与归属县级政府权益。"全民所有权益"包含"归属市级政府权益""归属县级政府权益"，与"所有者权益"相等。"归属市级政府权益"为各区和市级平台权益之和；"归属县级政府权益"为县（市）权益之和。所有者权益总计根据"资产"总计期末余额减"负债"合计额后得出。

表中"期初余额""期初面积"根据上年末资产负债表"期末余额""期末面积"栏内所列数字填列。如果当年资产负债表规定的各个项目的名称和内容同上年度不相一致，应对上年末资产负债表各项目的名称和数字按照当年的规定进行调整，填入本表"期初余额"栏内。

（2）全市土地储备收入支出表

宁波市编制的全市土地储备收入支出表包括两个部分内容，即支出与收入，反映储备土地资产负债表编制年度内累计的储备土地资产支出与收入情况。其中支出包括收储支出、开发支出、管护支出、债券偿还、其他支出；收入包括债券发行收入、土地出让收入、土地划拨收入、租金收入、其他收入。

"开发支出"指当年对在库土地进行前期开发（"五通一平"）费用。"管护支出"为围挡建设、委托管理、地籍测量、土地评估等费用之和，各填报单位自行填写并在该表下方填写附注说明支出构成方式与金额。"债券偿还"为当年度偿还债券本金、利息的支出。"其他支出"为当年度偿还其他负债的支出。"债券发行收入"为当年度收入的债券金额。"土地出让收入"为当年度收入的土地出让金。"土地划拨收入"为当年度的土地划拨成本。"租金收入"为当年度的土地出租收入金额。"其他收入"为土地除债券发行收入、土地出让收入、土地划拨收入、租金收入外的其他相关收入。

（3）所有者权益变动表

所有者权益变动表包括两个部分，即归属市级政府权益与归属县级政府权益，根据市级与县级政府职能与事权划分区分各自权益归属。两部分权益再分别填写年初权益、当年增加或减少权益、年末权益来体现权益的变动情况。其中，"年初权益"填写年初的所有者权益合计数。"当年增加或减少权益"填写本年度较上一年增加或减少的所有者权益。"年末权益"填写"年初权益"与"当年增加或减少的权益"之和。

6.2.3.3　应用探索

（1）形成"1+2+X"成果，探索系列成果优化体系与应用

试点具体成果包括 1 个库、2 类图表、X 个系列文件等。其中，建立土地储备全生命周期系统资产 – 负债体系模块，统筹管理土

地储备资产数据库成果（"1"库）；基于数据库生成 2 类图表，即储备土地资产分布图和调查统计基础表、流量表、政府储备土地资产负债表、收入支出表、权益变动表等（"2"图＋表）；X 个系列文件包括《宁波市全民所有储备土地资产负债表编制规则（试行）》、编制管理制度、土地储备全生命周期系统资产－负债核算模块建设指引、试点工作报告、试点技术报告等（"X"文件）。通过试点探索的五大类来源土地纳入储备，探索改革要点纳入《市委全面深化改革委员会 2020 年工作要点》和《2020 年宁波市省级以上重大改革试点项目责任分工方案》（甬党改〔2020〕1 号）。

（2）通过报表编制，重构宁波土地储备管理体系

编"表"本身是大学问，以此推进土地储备规范化、透明化、精细化运行。从储备土地产权阶段看，按照《土地储备管理办法》对全民所有产权识别，将土地储备分为拟收储土地、已入库土地和已出库土地三大类。其中，"拟收储土地"为已纳入土地储备计划或经县级（含）以上人民政府批准，已启动收回、收购（存量建设用地）或有农转用和征收批文且已启动征收（新增建设用地）等工作，但未取得完整产权的土地。"已入库土地"为已依法收回或收购的国有土地，已办理农用地转用、征收批准手续并完成征收的土地，以及已取得完整产权的土地，该类土地必须是规划为建设用地、产权清晰的国有土地。"已出库土地"为已完成出库（含划拨、出让、划转出库 3 种类型）的土地。从储备土地资产的所有主体看，储备土地属于全民所有，由政府行使所有权，土地储备机构不能作为征收、收回、收购的主体。除此之外，储备土地理论上不仅仅包括经营性用地，还应包括其他社会公共建设配套

用地，按照原土地储备运行的体制机制，市、县级人民政府不仅是土地储备主体，也是资产负债系列报表主体。从土地储备运作的流程看，应强化规划的引导，根据国民经济和社会发展规划、国土空间规划、产业发展政策等，对储备土地的规模、结构、布局、建设时序进行统筹安排，完善布局与功能；还应强化计划管理，以保障城市发展方向为重点，通过出让、储备和前期开发计划滚动运行的方式，实施统一、规范的计划管理，既保障市场需求，又防范储备资金运行风险。

（3）实施"主张所有"，全类型规划国有建设用地纳入土地储备

根据《土地储备管理办法》，可以纳入储备范围的土地为依法收回的国有土地，收购的土地，行使优先购买权取得的土地，已办理农用地转用、征收批准手续并完成征收的土地，其他依法取得的土地。以政府为主体的土地储备不仅限于原有纳入储备库管理的经营性建设用地，还包括原批次项目、单独选址项目等农转用征收报批取得的新增建设用地和收回收购的存量建设用地，即"大储备"，该五类来源的土地资产需实行整体管护，并对未明确使用权人的国有土地资产应进行统一管护和合理利用，落实管理主体。这五类土地资产在库进行前期开发后，形成商服用地、工矿仓储用地、住宅用地、公共管理与公共服务用地、特殊用地、交通运输用地、水域及水利设施用地、其他用地八大类规划建设用地，为后续国土空间规划落地实施提供基础载体支撑。

（4）深化信息化管理，完善土地储备全生命周期系统升级

对土地储备资产实物量数据建库，基于原有农转用征收报

批、存量建设用地收回、征地拆迁、建设用地供应和批而未供清查等数据，经乡镇确认梳理后，制作完成土地储备资产数据纳入全生命周期管理系统进行管理。批量核算在库土地价值，对于工矿仓储用地、商服用地和住宅用地，根据市区（除奉化区外）127个样点于2017年、2018年、2019年每月监测地价情况，采用地理信息系统（GIS）的信息化技术手段，根据坐落标识样点空间位置，将在库土地按照样点内插地价形成趋势面的方法批量确定在库地块价值。将资产－负债模块纳入全生命周期管理系统，在实物量统计数据全部纳入的基础上，待市统筹体制下土地储备成本核算标准统一后，未来土地储备全生命周期系统中可实现实时核算收储成本等数据。全生命周期系统列入市委深化改革委员会2020年工作要点和2020年宁波市政府深化"最多跑一次"改革推进政府数字化转型工作要点。2020年，宁波市土地储备全生命周期管理系统成功入选第三批"观星台"优秀应用，是宁波市唯一入选项目，将与其他优秀信息化应用项目共同向全省展示推广，共同推进浙江省数字经济"一号工程"建设。

6.2.4 南平市实践

6.2.4.1 技术路线

南平市储备土地资产负债表编制结合国内外研究与南平市土地储备工作实际情况，确定编制储备土地资产负债表报表体系的研究思路，主要体现在以下8个方面。

（1）遵循会计平衡原理

通过构建"资产＝负债＋所有者权益"的会计恒等式，使资产、负债的数据具有对应性，能够反映储备土地在某一时点的财务状况。要明晰资产、负债内涵，厘清土地储备资产、负债分类标准，理顺土地储备资产实物量、价值量的关系。依据土地储备阶段，进行土地储备大类别分类，按照南平市储备土地的规划用途类别，将土地储备资产细分为住宅用地、商业服务业设施用地、公共管理与公共服务用地、工矿仓储用地、其他经营性用地等资产。结合土地储备成本来源，土地储备成本可分为财政性负债和债券负债，同时对每年应付账款予以考虑。因此，南平市将土地储备负债分为财政性负债、债券负债及利息负债。

（2）满足报表使用者需求

一为科学判断偿债能力、规范融资管理、支持合理资金需求、完善土地储备预算管理、防范化解债务风险提供分析工具；二为推动土地储备管理工作向规范化、透明化、精细化发展提供支撑；三为调控土地市场提供重要依据。

（3）表现结构性特征

政府储备土地资产负债表的结构之间存有内在联系，对所有者、投资者、债权人、政府相关部门及其他机构进行投资决策具有重要意义。一为资产结构，主要表现各类资产占总资产的比重。就政府储备土地资产负债表而言，主要关注实物量与价值量之间的关系及不同类型（产权状态）的土地储备资产之间的比例关系。产权状态完整性关系到土地储备变现、为政府提供资金周转的可能性，是衡量资产安全性的标准。二为负债结构，即短期负债和长期负债、负债总额与所有者权益、长期负债与所有者权益的比例关系。如果储备土地负债结构的比例不合理，会给政府财政造成财务负担和筹资困难。因此，政府储备土地资产负债表的设计必须对负债、长期负债、短期负债予以明晰，能够为土地储备预算、资金管理、风险监测提供辅助工具。总之，政府储备土地资产负债表的编制既要符合一定的形式要求，又要满足投资者、所有者、债权人、政府相关部门及其他机构使用需求，实现形式和内容的统一，全面反映土地储备资产所有者权益情况，为进一步加强土地储备机构、计划、项目、资金、债券等管理提供信息基础、监测预警和决策支持。

（4）表现报表的流动性特征

资产负债表项目的排列顺序要按照从上到下、从左到右的顺序。一般资产负债表基本是按照流动性，或者说资产占用期限架构、循环周期来编排，展现资产的来源及流向。

（5）实物量与价值量不可分割

实物量与价值量是土地储备资产重要的量化成果，是政府储备土地资产负债表体系设计的重要内容。按照"先实物后价值"的技术路径，坚持"实物与价值并重"的原则，充分考虑实物量与价值量的衔接性。

（6）关注现金流

分析土地储备机构未来的偿还土地储备专项债能力、资金管理和土地供应计划等。

（7）特殊问题特殊分析

对于出现特殊情况的储备地块资产、负债、趋势、出现频率进行分析，编制同样适用于该地块的储备土地资产负债表报表体系，提高报表的普适性，追求真实的储备土地收储与供应量，减少资产、负债的数据误差，以保证报表数据的客观性与准确性。

（8）多维度分析

从监测债务风险、调控土地市场、规范土地储备工作等维度考虑土地储备资产负债报表设计，明晰所有者权益、债务风险，为科学判断偿债能力、规范融资管理、推动土地储备管理规范化、透明化、精细化提供数据支撑。

6.2.4.2　报表体系

南平市遵循"资产＋负债＝所有者权益"的恒等式，厘清3个经济要素范围和分类标准，依循"先实物后价值、先分类后综合、先存量后流量"的技术路径，按照"期初数＋本期增加数－本期减少数＝期末数"的逻辑关系，以储备土地资产清查统计为基础，以资产价值评估及负债核算为手段，通过期初、期末及本年变动数量反映土地储备资产实物量数量、价值量规模、负债状态及所有者权益，先后建立土地储备资产实物量统计和价值核算体系、储备土地资产负债核算体系及政府储备土地资产负债表报表体系，落实所有者权益。南平市政府储备土地资产负债表具体成果呈现"4+3+3"的结构，4张主表分别为土地储备资产负债表、年度储备土地所有者权益变动表、年度储备土地收支表、年度储备土地收支明细表；3张年度资产情况表，包括拟收储土地资产情况表（实物量和价值量）、入库储备土地资产情况表（实物量和价值量）、使用专项债券尚未还清的已供应土地资产情况表（实物量和价值量）；3张负债核算表，包括拟收储土地负债核算表、入库储备土地负债核算表、使用专项债券尚未还清的已供应土地负债核算表。

（1）政府储备土地资产负债表

政府储备土地资产负债表包括两个部分，分别是资产与负债。其中资产包含土地资产、其他资产。土地资产可分为拟收储土地、入库储备土地与使用专项债券但尚未还清的已供应土地。拟收储土地需填写实物量、价值量（期初、期末），以规划用途作为筛选项，分为住宅用地、商业服务业设施用地、公共管理与公共服务用地、工矿仓储用地、其他经营性用地；入库储备土地须填写实物量、价值量（期初、期末），以规划用途作为筛选项，分为住宅用地、商业服务业设施用地、公共管理与公共服务用地、工矿仓储用地、其他经营性土地；使用专项债券但尚未还清的已供应土地实物量、价值量（期初、期末），以规划用途作为筛选项，分为住宅用地、商业服务业设施用地、公共管理与公共服务用地、工矿仓储用地、其他经营性用地。其他资产为除土地自身价值外土地临时利用等方面的资产。资产总计为上述各项之和。

负债分为土地负债与其他负债。土地负债主要包括财政负债和债券负债两种，债券负债应根据年度区分应还债券本金。其他负债主要包括每年应付利息。负债合计为上述各项负债之和。所有者权益 = 资产总计 – 负债总计。

（2）年度储备土地所有者权益变动表

年度储备土地所有者权益变动表体现编制年期内储备土地所有者权益变动情况，具体分为本年年初金额、本年变动金额、本年年末金额。本年变动金额 = 本年年末金额 – 本年年初金额，正数为增加，负数为减少。

（3）年度储备土地收支表

年度储备土地收支表包括收入、支出及结余 3 个部分，体现资产负债表编制年期内储备土地资产相关收入支出发生情况。其中收入可分为土地供应收入与临时利用收入；支出包括土地储备成本支出、储备土地管护费用、本年度应还土地储备专项债券本金、本年度应还土地储备专项债券利息。表内审核公式如下：

①收入 = 土地供应收入 + 临时利用收入；

②支出 = 土地储备成本支出 + 储备土地管护费用 + 本年度应还土地储备专项债券本金 + 本年度应还土地储备专项债券利息；

③土地储备成本支出 = 征地和拆迁补偿支出 + 前期开发费用支出；

④本年度收支结余 = 收入 – 支出。

（4）年度储备土地收支明细表

年度储备土地收支明细表包括储备单位、地块名称、地块位置、规划用途 / 实际用途、地块面积、支出信息、收入信息、剩余面积等信息。其中支出信息包括土地收储成本支出、储备土地管护支出、本年度应还土地储备专项债券、土地储备专项债券付息；收入信息包括土地临时利用收入、土地供应收入、供应面积、供应项目名称。该表采用权责发生制的会计方式，主要针对每宗储备地块在资产负债表编制年期内发生的支出与收入情况进行填写。

（5）拟收储土地资产情况表（实物量和价值量）

拟收储土地资产情况表（实物量和价值量）根据拟收储土地存量流量和规划用途从两个维度对拟收储土地资产的实物量和价

值量进行统计。

该表的列项根据规划用途分为住宅用地、商业服务业设施用地、公共管理与公共服务用地、工矿仓储用地、其他经营性土地，每列项均包括实物量与价值量的核算。

该表的行项根据土地储备工作实施进度分为年初存量、流入量、流出量、年际流量与年末存量。其中流入量包括依法收回的国有土地，收购的土地，计划通过行使优先购买权取得的土地，已办理农用地转用、征收批准手续并完成征收的土地，其他依法取得的土地；流出量包括入库、收储计划取消两类。表内审核公式如下：

①流入量 = 依法收回的国有土地 + 收购的土地 + 计划通过行使优先购买权取得的土地 + 已办理农用地转用、征收批准手续并完成征收的土地 + 其他依法取得的土地；

②流出量 = 入库 + 收储计划取消；

③年际流量 = 流入量 − 流出量；

④年末存量 = 年初存量 + 年际流量。

（6）入库储备土地资产情况表（实物量和价值量）

入库储备土地资产情况表（实物量和价值量）根据入库储备土地存量流量和规划用途从两个维度对入库储备土地资产的实物量和价值量进行统计。

该表的列项根据规划用途分为住宅用地、商业服务业设施用地、公共管理与公共服务用地、工矿仓储用地、其他经营性土地，每列项均包括实物量与价值量的核算。

该表的行项根据储备土地进度分为年初存量、流入量、流出量、年际流量与年末存量。其中流入量包括依法收回的国有土地，收购的土地，计划通过行使优先购买权取得的土地，已办理农用地转用、征收批准手续并完成征收的土地，其他依法取得的土地；流出量包括供应、入库土地退出两类。表内审核公式如下：

①流入量 = 依法收回的国有土地 + 收购的土地 + 计划通过行使优先购买权取得的土地 + 已办理农用地转用、征收批准手续并完成征收的土地 + 其他依法取得的土地；

②流出量 = 供应 + 入库土地退出；

③年际流量 = 流入量 – 流出量；

④年末存量 = 年初存量 + 年际流量。

（7）使用专项债券尚未还清的已供应土地资产情况表（实物量和价值量）

使用专项债券尚未还清的已供应土地资产情况表（实物量和价值量）根据使用专项债券尚未还清的已供应土地资产存量流量和规划用途从两个维度对实物量和价值量进行统计。

该表的列项根据规划用途，分为住宅用地、商业服务业设施用地、公共管理与公共服务用地、工矿仓储用地、其他经营性土地，每列项均包括实物量与价值量的核算。

该表的行项根据储备土地进度分为年初存量、流入量、流出量、年际流量与年末存量。其中流入量指供应专项债券未还清的土地；流出量指偿还专项债券本息的土地。表内审核公式如下：

①流入量 = 供应专项债券未还清的土地；

②流出量 = 偿还专项债券本息的土地；

③年际流量 = 流入量 – 流出量；

④年末存量 = 年初存量 + 年际流量。

（8）拟收储土地负债核算表

拟收储土地负债核算表体现拟收储土地的存量流量和负债情况。

该表的列项根据负债种类分为财政负债与债券负债，存在债券负债的地块根据债券年期按年度统计应还债券。

该表的行项根据储备土地进度分为年初存量、流入量、流出量、年际流量与年末存量。其中流入量包括依法收回的国有土地，收购的土地，计划通过行使优先购买权取得的土地，已办理农用地转用、征收批准手续并完成征收的土地，其他依法取得的土地；流出量包括入库、收储计划取消两类。

仅由财政支出成本的地块其负债情况通过财政负债一栏统计，即财政负债视作预计收储成本；使用专项债券及财政的地块须同时填写财政负债及债券负债两栏，债券负债等于使用专项债券额度，财政负债指预计收储成本扣减专项债券额度。表内审核公式如下：

①流入量 = 依法收回的国有土地 + 收购的土地 + 计划通过行使优先购买权取得的土地 + 已办理农用地转用、征收批准手续并完成征收的土地 + 其他依法取得的土地；

②流出量 = 入库 + 收储计划取消；

③年际流量 = 流入量 − 流出量；

④年末存量 = 年初存量 + 年际流量。

（9）入库储备土地负债核算表

入库储备土地负债核算表体现入库储备土地的存量流量和负

债情况。

该表的列项根据负债种类分为财政负债与债券负债，存在债券负债的地块根据债券年期按年度统计应还债券。

该表的行项根据储备土地进度分为年初存量、流入量、流出量、年际流量与年末存量。其中流入量包括依法收回的国有土地，收购的土地，计划通过行使优先购买权取得的土地，已办理农用地转用、征收批准手续并完成征收的土地、其他依法取得的土地；流出量包括供应、入库土地退出两类。

仅由财政支出成本的地块其负债情况通过财政负债一栏统计，即财政负债视作预计收储成本；使用专项债券及财政的地块须同时填写财政负债及债券负债两栏，债券负债等于使用专项债券额度，财政负债为预计收储成本扣减专项债券额度。表内审核公式如下：

①流入量 = 依法收回的国有土地 + 收购的土地 + 计划通过行使优先购买权取得的土地 + 已办理农用地转用、征收批准手续并完成征收的土地 + 其他依法取得的土地；

②流出量 = 储备土地供应 + 入库土地退出；

③年际流量 = 流入量 − 流出量；

④年末存量 = 年初存量 + 年际流量。

（10）使用专项债券尚未还清的已供应土地负债核算表

使用专项债券尚未还清的已供应土地负债核算表体现使用专项债券尚未还清的已供应土地存量流量和负债情况。

该表的列项根据负债种类分为财政负债与债券负债，存在债券负债的地块根据债券年期按年度统计应还债券。

该表的行项根据储备土地进度分为年初存量、流入量、流出量、年际流量与年末存量。其中流入量指新增使用专项债券尚未还清但已供应土地，流出量指使用专项债券的土地还清本息。

仅由财政支出成本的地块其负债情况通过财政负债一栏统计，即财政负债视作预计收储成本；使用专项债券及财政的地块须同时填写财政负债及债券负债两栏，债券负债等于使用专项债券额度，财政负债为预计收储成本扣减专项债券额度。表内审核公式如下：

①流入量 = 新增使用专项债券尚未还清但已供应土地；

②流出量 = 使用专项债券的土地还清本息；

③年际流量 = 流入量 − 流出量；

④年末存量 = 年初存量 + 年际流量。

6.2.4.3　应用探索

（1）为土地储备资金管理、债务风险监测提供依据

南平市 2018 年起申请土地储备专项债券，将土地储备专项债券纳入预算管理，地方需要依据宏观经济形势、结合自身资产流通性，合理确定地方债务总限额，加强土地储备资金管理，监测债务风险。编制政府储备土地资产负债表，清晰、客观地体现南平市储备土地资产、负债的构成和演变趋势，摸清储备土地"家底"，明确资产、负债关系，明晰资产、负债结构，有助于资产流通的时点和规模的确定、地方政府当期及未来中长期的债务风险的科学判断、政府偿债能力的衡量，进一步促进储备、供应工作合理安排，规避资金占压风险，实现土地收储资金的良性循环，实现对额度值、资金使用面的合理分配，提高政府宏观决策能

力，助力高质量发展。

（2）为自然资源资产负债表编制提供经验

储备土地作为全民所有自然资源资产的重要组成部分，相对其他自然资源来说，家底相对清晰，价值量估算方法也较为成熟，通过厘清政府储备土地资产实物量底数、资产价值及负债之间的关系，能够为编制全民所有自然资源资产负债表提供经验借鉴。

（3）推动土地储备管理规范化、透明化、精细化

土地储备是政府调控土地市场的一种有效手段，是地方改革和发展强有力的助推器。首先，编制政府储备土地资产负债表，体现编制主体在某一时点所拥有的资产的存量与质量的变化情况，反映一定时期内储备土地的使用状况及影响，能够明晰家底，明确责任，考核绩效，增强土地储备管理透明度，促进土地资源合理配置、自然资源科学管理，推进生态文明建设；其次，辅助土地储备监测监管系统填写，明晰储备土地存量及供应构成，为土地储备机构合理制订年度储备计划及三年滚动计划提供参考数据，规范土地储备工作；最后，政府储备土地资产负债表有助于南平市有关政府部门厘清基础数据，摸清部分存量土地状况，全面衔接国土空间总体规划，通过合理规划，挖掘存量建设用地潜力，提高利用强度，充分发挥土地潜能，动态调节存量建设用地与新增建设用地的供应比重，盘活存量及闲置土地。总之，政府储备土地资产负债表有助于地方政府科学决策，为推动土地储备管理规范化、透明化、精细化提供辅助工具。

（4）与城市土地成片开发做好衔接

政府储备土地资产负债表体现地方土地储备工作在所有者权

益变化的现势性，反映出城镇土地资源这一主要、稀缺的经济社会发展基本要素的政府调控手段及预期，在一定程度上能促使地方政府主动思考如何平衡土地出让收入与土地上各类型产业收入的关系，探索土地上各类项目开发对地方财政总收入、一般预算收入和政府性基金收入的综合影响，提前纳入下一年度土地储备计划的实施甚至是下一个五年规划的成片开发方案中。这也与当前国家对城镇土地成片开发践行新发展理念、以人民为中心的发展思想和注重节约集约用地的基本原则和要求不谋而合。

6.3 地方实践存在的困难

6.3.1 概念内涵不统一

储备土地资产负债表编制核心要素是资产和负债，资产和负债的确认直接影响到资产负债表的计算结果。从开展储备土地资产负债表实践的情况看，部分地区对负债中的"预计负债"科目的理解有一定偏差，有的试点将"入库土地的实际收储成本"作为预计负债；将土地处在拟储备阶段时预计发生的全部费用纳入预计负债，都有待商榷。根据会计准则，预计负债应当确认的事项是：某一事项"很可能"（形成支出的可能性大于50%但小于或等于95%）导致经济利益流出。如果仅是"可能"（形成支出的可能性小于等于50%），则不需要计入预计负债，应当计入或有负债，只需进行表外披露。对于已经发生的经济利益流出，更不能计为负债。因此，对于部分地方提出的"入库土地的实际收储成本"，既不应该作为资产也不应该作为负债，应该在收支表中另外计算。而对于试点提出的"土地存在污染、文物遗存、矿产压覆、洪涝隐患、地质灾害风险等情况使储备地块达到可供状态所需要支付的成本"等，需要综合判断经济利益流出的可能性后方可确定为预计负债，不能简单地"一刀切"全部计为负债。

6.3.2　实物量统计范围和标准不一致

一是关于拟收储土地的处理方式。大部分试点将拟收储土地纳入实物量统计，但以何种方式记账尚未形成共识。部分地区将拟收储土地一次性全部计为资产，同时将需要支付的征收、收购费用，拆迁补偿费等统计为"应付账款"或"预计负债"，从而纳入负债统计；部分地区只将拟收储土地中已投入的成本计为资产，不考虑未实施的部分，相应的也就没有"预计负债"。二是关于批而未供土地。是否将批而未供土地乃至所有未明确使用权人的国有土地纳入实物量统计，尚未形成共识。

6.3.3　价值量核算方法理解不一致

（1）采用哪种方法才能合理反映资产价值，需要进一步研究

各地在开展储备土地资产负债表实践的过程中，普遍将实物量区分为"经营性、非经营性""拟收储、已入库"之后再进一步测算其价值量。但每一类土地的价值具体如何评估，各地的方法并不完全一致。

（2）估算时的技术方法，采用精确面积计算或是估算，有待明确

各地对收储土地实用地面积和土地价值评估主要采用两种

方法：第一种方法，首先利用不动产权籍数据和土地储备宗地数据，获取宗地坐标；其次根据控制性详细规划和道路红线等规划信息，通过叠加分析，尽可能地精准测算每一宗收储土地的实用地、道路、绿地、公建地面积，以及相应的规划用地性质及规划指标；最后委托土地评估机构对每宗土地进行评估，实现储备土地资产价值量的精确核算。第二种方法，根据土地储备宗地面积，刨除道路用地、绿地用地、公建用地等后，对其主要用途，根据基准地价或市场比较法进行估算。第一种方法结果更精准，但是工作量较大，过程复杂，并且委托评估机构评估费用较高；第二种方法测算简单，但测算较为粗略。

6.3.4 各地报表体系差异大

试点地区对储备土地资产负债表中的资产项、负债项、所有者权益的界定差异较大。例如，储备机构持有的货币资金，是否应计为资产？已出让的储备土地，是否计算其所有者权益，出让收入是否纳入资产表？财政拨款是同时计入资产和负债，还是只计入资产，不计入负债？对于这些问题，各地的做法都不一样，导致各地表式不统一，计算出的资产、负债、所有者权益无法直接汇总计算。究其原因，既有主观因素也有客观因素。主观方面，各地对储备土地资产负债表编制目的和编制主体的认识存在偏差，一些开展储备土地资产负债表实践的地区始终按编制机构自身的资产负债表的角度思考问题、设计表式，由此难免在资产、负债和所有者权益的界定上出现混乱。储备土地资产并不是土地储备机构本身的资产，而是其受自然资源主管部门委托、代政府持有和保管的资产。相应的，储备土地资产负债表不同于传统的资产负债表，不是为了反映编制单位本身的资产负债情况，而需要全面反映政府所持有土地的资产负债情况。自然资源主管部门或土地储备机构只是代政府编制资产负债表，而不是编制其自身的资产负债表。客观方面，按照传统的土地管理和财政收支管理体系，政府储备土地的资产和负债由不同机构、不同部门、不同会计主体，分别记载于不同的会计账簿上。例如，储备土地资产实物量由自然资源主管部门或土地储备机构记录；土地储备资金收支由土地储备机构在土地储备资金专用账中记载；土地储备专项债券的还本付息由财政部门记录，具体使用则由土地储备机构记录；储备土地出让后形成的资金收入由财政部门记录。如何将相关内容合理组合后纳入同一张资产负债表，还需要进一步研究探索。

第7章 应用研究

本章主要对政府储备土地资产负债表成果的应用提出建议。

储备土地资产负债表的编制是一项开创性的工作，在解决了"是什么，如何编"的问题后，还需要解决"如何用"的问题。通过对储备土地资产负债表编制理论、概念的梳理，我们探索了储备土地资产负债表的应用，主要有以下几个方面。

7.1 加强储备土地所有者权益保护

目前，全国范围内的土地储备制度还未建立，各地在土地储备运行机制和模式上存在较大差异，部分地方土地储备管理较为粗放，难以掌握土地储备的真实规模有多大，结构如何，流量变动状况等。通过储备土地资产负债表的编制，可以在土地储备所有者权益保护中发挥以下作用。

（1）了解土地储备潜力情况

储备土地资产负债表的核算范围包括拟收储土地和入库储备土地，拟收储土地可以看作是入库储备土地的补充和后备资源，其面积大小在一定程度上可以反映土地储备的潜力。土地储备潜力反映了一个地区今后一段时间内城市发展的潜力。

（2）掌握库存储备土地情况

政府掌握的储备土地资产中，库存储备土地是产权清晰、开发程度较高的土地，具有较好的供地条件，变现能力较强，价值相对较高，是调控土地市场的主力。

7.2 防范土地储备债务风险

储备土地资产负债表反映了地方储备土地资产、负债、所有者权益存量及其变动状况。储备土地资产负债表能够为报表使用者提供以下信息，有助于报表使用者防范债务风险。

（1）掌握现有土地储备专项债券的规模

通过储备土地资产负债表中负债科目，可以方便地掌握现有土地储备专项债券的规模及每年应还土地储备专项债券的额度，为后续制订土地储备计划、供地计划、还款计划提供依据。

（2）了解未来可承载的土地储备专项债券的空间

与一般的债券相似，土地储备专项债券的发行需要"抵押"，或者评价还债能力。因此，土地储备专项债券是否发行、发行额度需要根据储备土地的规模和供应情况来确定。储备土地资产负债表中入库储备土地的规模和评估价值，可以在一定程度上反映未来一段时间内，可以用于抵押发行土地储备专项债券的总规模。

（3）确定土地储备债务风险防范的安全系数

土地储备专项债券是一种长期债券，到期前不得归还。每年的土地出让收入要覆盖做地成本和土地储备专项债券，通过储备土地资产负债表的负债科目，可以清晰地掌握每年到期债券总额，结合土地储备潜力情况、库存储备土地规模，可以匡算出未来几年内每年土地出让收入总额和做地总成本，从而确定土地储备专项债券的还款能力。

7.3 与土地储备预算管理、资金管理相衔接

储备土地资产负债表不仅能够反映核算期内储备土地资产的规模，还能反映一个地区土地储备收入、支出状况及收入、支出的构成和变动情况，为土地储备预算改革、土地储备的资金管理提供依据。

7.4 促进土地储备精准化管理

储备土地资产负债表能够为调控土地市场、促进房地产市场健康稳定发展提供支撑。调控土地市场、促进土地资源合理利用是土地储备的重要职能。储备土地资产负债表能够反映土地储备潜力、土地供应潜力、土地储备专项债券规模、储备土地资产所有者权益等信息，这些信息之间既有联系又相互制约，通过综合分析，可以为地方政府调控土地市场提供数据支撑。